CONTENTS

Success15

8

https://success.waseda-ac.net/

サクセス15
August 2023

Regulars

東京都　千代田区　共学校

東京都立 日比谷《ひびや》高等学校

School data

所在地：東京都千代田区永田町2-16-1
アクセス：地下鉄丸ノ内線ほか「国会議事堂前駅」・地下鉄銀座線ほか「溜池山王駅」徒歩7分、地下鉄有楽町線ほか「永田町駅」・地下鉄丸ノ内線ほか「赤坂見附駅」徒歩8分
生徒数：男子516名、女子456名
ＴＥＬ：03-3581-0808
ＵＲＬ：https://www.hibiya-h.metro.tokyo.jp/

●２学期制
●週５日制
●月～金７時限
●45分授業
●１学年８クラス
●１クラス約40名

多彩なプログラムを通じて卒業後も成長し続ける力を養う

協働を重視した授業や、グローバルリーダー育成をめざすプログラムなど、多様な学びを展開する東京都立日比谷高等学校。新たに「理数探究基礎」もスタートし、その教育はますます充実したものとなっています。

失敗を恐れることなくチャレンジしよう

創立から１４５年の歴史を刻んできた東京都立日比谷高等学校（以下、日比谷）。毎年難関大学に多数の合格者を輩出しているため、その実績に注目しがちですが、同校の魅力はそれだけではありません。

教育目標には「自律的人格」「学習と教養」「責任と協調」「心身の健康」「文化と平和」の５つのキーワードが掲げられています。加えて梅原章司校長先生は、「大学進学後も、そして社会人になっても成長し続けることのできる人材の育成をめざしています」と話されます。

その言葉通り、将来を見据え１人ひとりが夢をかなえられるよう、多くの力を伸ばすためのプログラムが用意されています。

「生徒には日ごろから、失敗を恐れずに挑戦しようと伝えています。なかには『失敗したくない』と感じる生徒もいるようですが、失敗から得られるものもあり、乗り越えたあとには成長が待っています。ですから、たとえ失敗してもそのままにせず、その原因を考えて次に活かせばいいのだと話しています」（梅原校長先生）

梅原《うめはら》 章司《しょうじ》 校長先生

仲間とともに学び 教養を身につける

日々の教育では大学受験に向けた勉強に特化するのではなく、教養を深めることが大切にされています。高2までは共通履修で幅広く学ぶ形が取られ、高3から進路選択に応じて文理に分かれるカリキュラムが編成されています。

授業の特徴をうかがうと「どの科目においてもペアワークやグループワークといった協働の学びを取り入れていることです。個の学びは自宅でも可能ですから、授業では学校だからこそできる学びを大事にしたいと考えています。個の学びと協働の学びを両輪に、新たな時代に必要な思考力、判断力、表現力を育てながら、大学入試で求められる学力も育成していきます」と梅原校長先生。

日比谷では、国語や英語はもちろん、美術や書道にいたるまで、協働の学びが実践されています。例えば書道では、4人で1文字ずつ書いて作品を完成させるという授業もあります。全体的な調和を考え、しなやかに書くのか、力強く書くのか、それぞれがほかの人の文字も見ながらバランスを取ります。文字の上達だけをめざすのではなく、俯瞰《ふかん》する力が養われる取り組みともいえるでしょう。

「ペアワークやグループワークでは、ほかの人の意見を知ることができます。しかし、それだけを重視しているわけではありません。考えを深める機会を作ることを意識しています。まず個々に考察し、ほかの生徒と共有し、自分とは異なる意見があることに気づいて、より深く考える、その思考の過程に大きな意味があるのです」（梅原校長先生）

全員が履修する 高1の「理数探究基礎」

日比谷は文部科学省からスーパーサイエンスハイスクール（SSH）の指定を受けています。これまで、英語で物理学を学ぶ講座や

研究者を招いた講演会をはじめ、城ヶ島地質巡検や伊豆大島フィールド実習、沖縄派遣研修といった国内でのプログラムに加え、企業や大学を訪問するアメリカへの海外派遣研修など、多彩な取り組みを実施してきました。

　昨年度からは、その学びをさらに進化させるべく、高1で「理数探究基礎」がスタート。これは総合的な探究の時間とは別に設けられているもので、全員が履修します。全教員が携わり、教員1人に対し生徒6〜7人のグループに分かれ、1人ひとりが興味関心に沿ってテーマを設定し、研究を深めていきます。希望者は、高2で「理数探究」を、高3で「理数探究発展」を選択することもできます。

　探究活動の狙いについて、梅原校長先生は「探究力は将来研究者になりたいと考える生徒にのみ必要なものに感じる方もいるかもしれません。しかし、どんな仕事に就いても、考察する力やデータを活用する力、意見を発信する力は必要ですよね。高校時代にその経験を積むことは、生徒の今後に大いに役立つはずです。大学院生や研究者の方にも協力をお願いしているので、ロールモデルとなる人物との出会いもきっとあるでしょう」と語ります。

　「理数」を冠した科目ではありますが、理数系のみならず人文科学系や社会科学系もテーマにできます。個々にテーマを設定するものの、互いの研究について意見を交わす時間を十分に取っているのは、協働を重視する日比谷らしさといえるでしょう。仲間のアドバイスを受け、それまでとは異なるアプローチを発見し、新たな興味が見つかることもあるといいます。

　教員の役割はファシリテーターとして生徒をサポートすること。全教員で振り返りを行い情報を共有することで、ファシリテートの力を日々磨いています。教員が生徒に正解を示す通常の授業とは違い、生徒自身が自分なりの答えを見つけるのが理数探究です。

授業

授業のキーワードは「協働」です。クラスメイトと意見を交わしながら、考える力も伸ばしていきます。

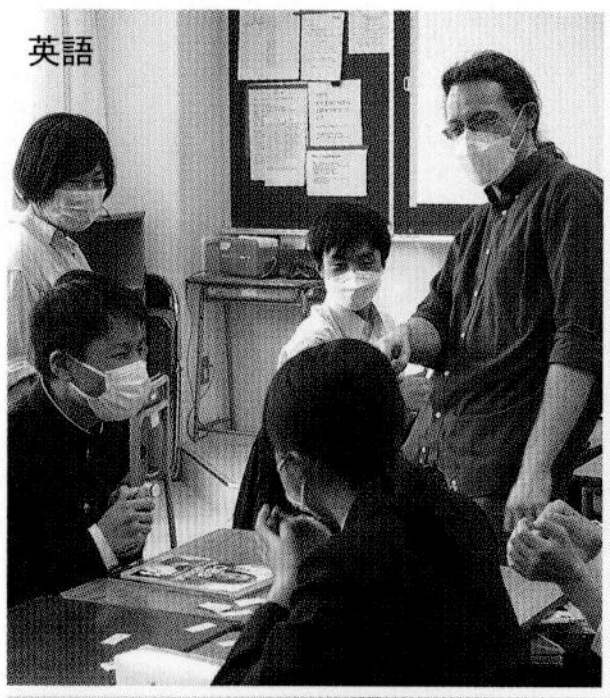
英語

数学

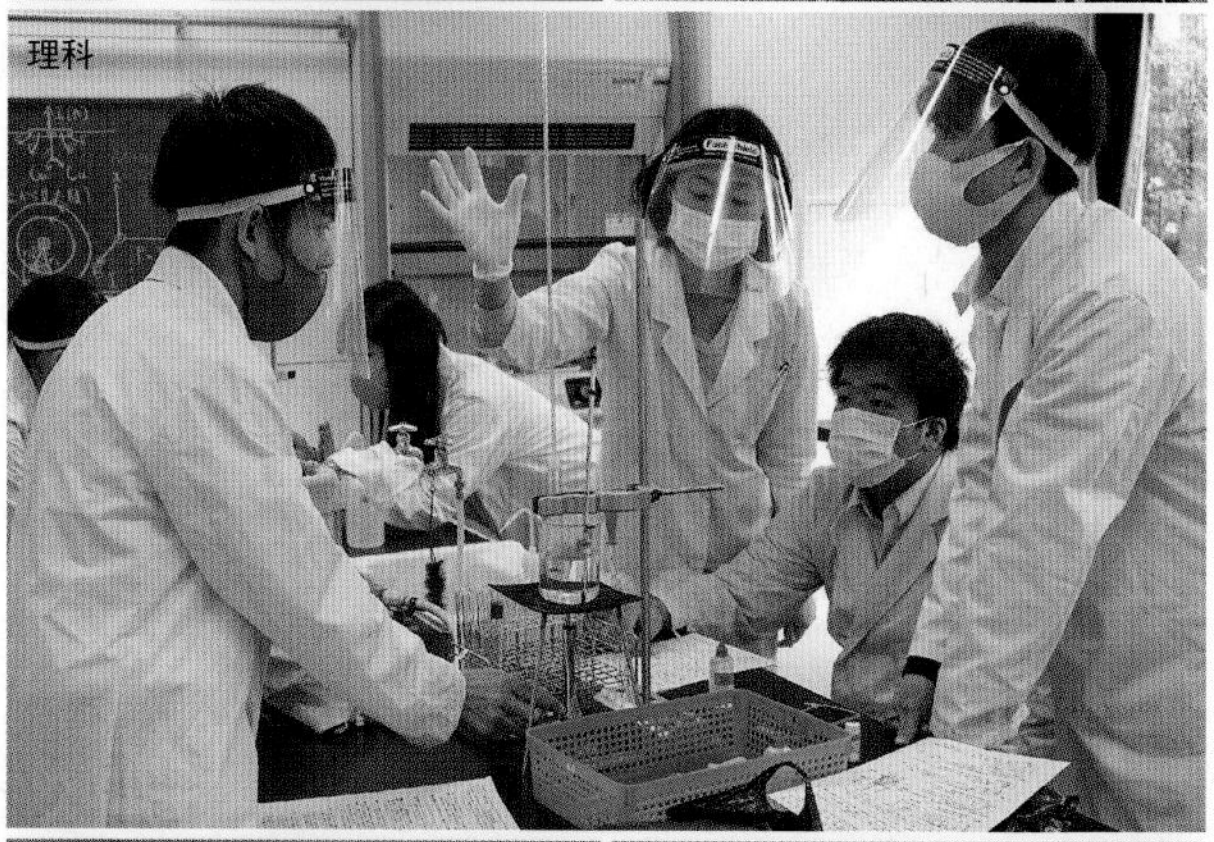
理科

音楽

第2外国語

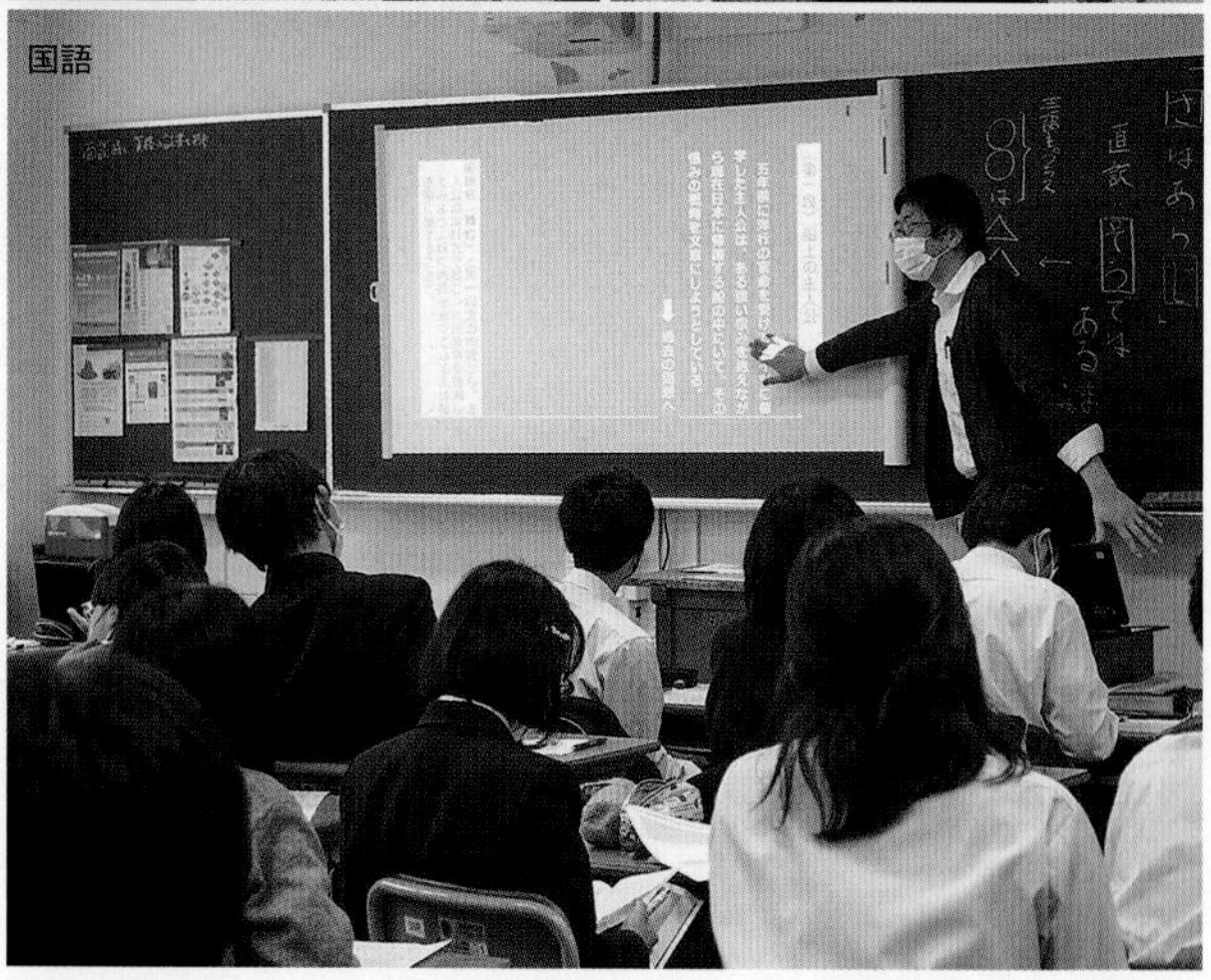
国語

SSH

昨年度、SSHとして４期目の指定を受け、新たに「理数探究基礎」も始まりました。

城ヶ島地質巡検

沖縄派遣研修

英語による物理学講座

カリフォルニア大学バークレー校訪問

キラウエア火山トレッキング・レクチャー

国際理解教育

グローバルリーダーとなることをめざす日比谷生。国際交流や海外研修にも積極的な姿勢で臨んでいます。

マサチューセッツ工科大学教授による講義

アスペン研究所でのプレゼンテーション

ミチュホル外国語高等学校との交流

ウォール街での講義

メキシコ大使館との文化交流

世界に貢献できる人材をめざす

日比谷はSSHに指定される一方、東京都からは Global Education Network20 (GE-NET20)、海外学校間交流推進校の指定も受けています。めざされているのは「人類の平和や社会の発展に貢献できるグローバルリーダーの育成」です。しかし、グローバルリーダーが意味するものは、「世界で活躍する人」だけではありません。「世界に視野を広げ、自分なりに世界に貢献できる人材」をさします。

日比谷が、GE-NET20 において軸としているのは、外国語を活用したグループでの探究です。テーマはSDGsにかかわるものが設定され、これまで食糧問題について考えてきました。東京大学農学部の教授とも連携を図りながら、課題に対する解決方法を探ります。アメリカでの研修も用意されており、企業や国際連合の本部、ハーバード大学やイエール大学を訪問するほか、アスペン研究所で日ごろの研究成果を発表します。

　海外学校間交流推進校としては、姉妹校である韓国のミチュホル外国語高等学校と交流を行っています。コロナ禍においてはオンラインで交流が続けられました。

　このほかにも、オンライン英会話の導入や近隣にあるメキシコ大使館との文化交流など、英語力を伸ばし視野を広げる多種多彩なプログラムが展開されています。

進路指導

卒業生による講義が実施されています。先輩の姿に刺激を受け、自らの将来を考えていきます。

興味を追究し 学習意欲を高める

　日比谷では、全科目履修型・教養主義カリキュラムのなかで、様々な事業を行っています。ＳＳＨ事業の一環としての探究活動では、高1での「理数探究基礎」の全員履修とともに、高2では「理数探究」、高3では「理数探究発展」を選択履修することが可能です。文系・理系にかかわらず、希望すれば、だれでも、自主的に、参加し活動できます。また、GE-NET20 事業の一環として実施しているグローバルリーダー育成研修への参加も可能です。日比谷は、様々な取り組みを通して「知の創造」をめざし、将来にわたって学び続ける姿勢を育成していきます。

「探究を進めるなかで、他教科の知識が必要だと感じることもあるはずです。すると、たとえ苦手な教科・科目であっても、頑張って勉強しようという気持ちになるの

行事

日比谷の三大行事である合唱祭、星陵祭（文化祭）、体育大会のほか、希望者が参加する臨海教室やスキー教室などもあります。

合唱祭

星陵祭（文化祭）

体育大会

臨海教室

スキー教室

ではないでしょうか」と梅原校長先生が話されるように、探究活動が学習意欲を高めることにつながり、さらに、学習することで得た知識が探究活動に活かされるという、よりよいサイクルが生まれ、日比谷生はますますその力を伸ばしていくのです。これが「知の日比谷」たるゆえんです。

夢の実現に向けて 努力する日比谷生

進路指導では定期考査のほか、校内模試や長期休業明けの宿題テストなど、学力を把握する機会を多く設けるとともに、定期的に面談を実施し、生徒の気持ちに寄り添うことも欠かしません。また社会で活躍する卒業生によるゼミ形式の講義をはじめ、キャリアについて考える場を作ることも意識されています。

生徒1人ひとりの描く夢が現実のものとなるよう、様々な力を育成している日比谷。生徒たちは目の前の課題にしっかりと向きあい、努力を積み重ねています。そんな高校生活を送る先輩の姿は、学校説明会でも目にすることができます。

学校見学会や学校説明会では、校内見学のガイド役を務めるのは生徒です。高校受験や実際の高校生活についてなど、なんでも自由に聞くことができる、受験生にとっては有意義な機会です。

さらには、生徒主催のオンライン説明会も開催されています。これは海外で中学時代を過ごし日比谷に進学した生徒たちによるもので、海外の現地校やインターナショナルスクール、日本人学校から日比谷に進学したいと考える受験生を対象とした説明会です。

「母校愛にあふれ、なにごとにも一生懸命に取り組む生徒が集まっています。大学合格だけを目標とはせず、探究活動や部活動、行事と多くのことに挑戦したいと考える生徒さんであれば、きっと充実した3年間を送れるでしょう」（梅原校長先生）

部活動

部活動にも熱心に取り組むのが日比谷生の姿です。勉強も部活動も手を抜かず、多くの生徒が両立を図っています。

音楽部（オーケストラ班）

男子バスケットボール部

ラグビー部

箏曲部

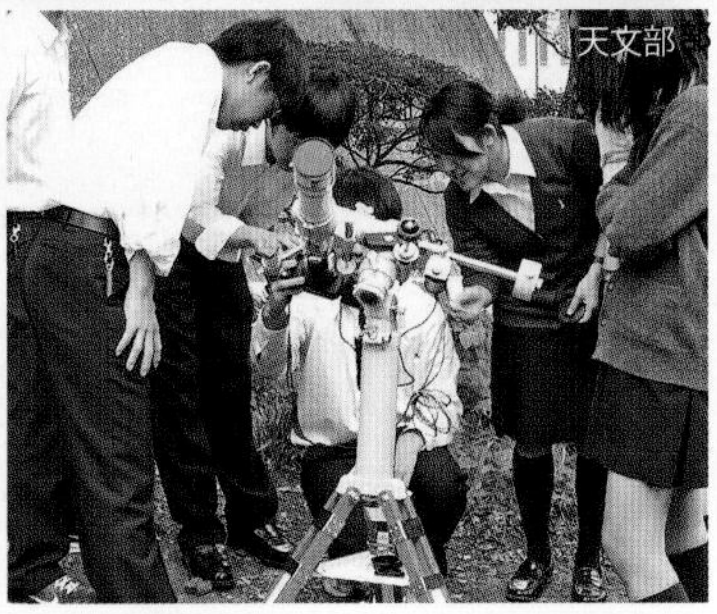
天文部

■2023年３月　大学合格実績抜粋　（　）内は既卒

国公立大学		私立大学	
大学名	合格者数	大学名	合格者数
北海道大	3（0）	早稲田大	175（39）
東北大	5（2）	慶應義塾大	81（23）
筑波大	4（1）	上智大	66（10）
お茶の水女子大	6（1）	東京理科大	79（24）
東京大	51（18）	青山学院大	27（5）
東京医科歯科大	3（0）	中央大	42（13）
東京外国語大	7（2）	法政大	16（5）
東京学芸大	4（0）	明治大	79（25）
東京工業大	3（0）	立教大	46（7）
一橋大	10（3）	学習院大	2（0）
京都大	4（0）	国際基督教大	2（0）

写真提供：東京都立日比谷高等学校　※写真は過年度のものを含みます。

その研究が未来を拓く

研究室にズームイン

京都大学フィールド科学教育研究センター
海洋生物環境学分野
市川《いちかわ》 光太郎《こうたろう》 准教授

「鳴き声」を活用し ジュゴンの生態に迫る

日本には数多くの研究所・研究室があり、そこではみなさんの知的好奇心を刺激するような様々な研究が行われています。このコーナーではそんな研究所・研究室での取り組みや施設の様子を紹介していきます。今回は京都大学フィールド科学教育研究センターの市川光太郎准教授のジュゴンにかかわる研究についてお伝えします。

画像提供：市川光太郎准教授

人魚のモデルにもなった海に棲む哺乳類

市川《いちかわ》 光太郎《こうたろう》

京都大学大学院情報学研究科社会情報学専攻博士課程修了、総合地球環境学研究所プロジェクト研究員、京都大学特定研究員を経て、2015年より京都大学フィールド科学教育研究センター准教授

「ぴよぴよ」「ぴー」という鳴き声が聞こえてきたら、みなさんはどんな生物を想像しますか。多くの方は鳥をイメージするかもしれません。では「ぴよぴよ」「ぴー」と鳴く海の生物はなんでしょうか。それは今回ご紹介する、京都大学フィールド科学教育研究センター・海洋生物環境学分野の市川光太郎准教授が研究されているジュゴンです。

ジュゴンは人魚のモデルになったともいわれています。亜熱帯から熱帯にかけての、浅く温かい海に棲息《せいそく》する哺乳類です。

日本人にとってはあまり身近な生物ではないかもしれませんが、かつては沖縄周辺にも多くのジュゴンが棲《す》んでいたといいます。しかし、乱獲などが原因でどんどん姿を消し、２０１９年3月以降、日本では野生のジュゴンの目視記録が途絶えていました。

そんななか、２０２２年に、沖縄でジュゴンのＤＮＡが含まれたフンが発見されました。しかし、いまだその姿を映像等にとらえることはできておらず、確実に存在しているとはいえないそうです。

世界に目を向けると、スーダンやタイ、オーストラリア周辺に棲息しています。ただ、数が減っていることもあり、現在は絶滅危惧種に指定され保護が必要となっています。

鳴き声は重要なコミュニケーションツール

さて、冒頭でお伝えしたジュゴンの鳴き声。みなさんはどのような印象を持ちましたか。市川准教授は「まさかそんな可愛い鳴き方をするとは思わず、初めて聞いたときは驚きました。でもそのギャップに惹かれたからこそ、20年研究を続けています（笑）」と話されます。

海に棲む生物が鳴くとは意外な気もしますが、市川先生によると、ほかにもいるそうで……。

「みなさんもイルカが鳴くのは知っているのではないでしょうか。そして魚も鳴きます。浮き袋をぎゅっと縮めたり、骨をこすり合わせて音を出しているんです。ある種の魚は、繁殖期にオスとメスがそれぞれ『んっ』という声を出してコミュニケーションを取っています。一対が始め

近くの海にジュゴンが棲息するスーダンのドンゴナーブ村㊤とドンゴナーブ湾㊨

ると、周りの魚も影響を受けて、ときには船の上にいても聞こえるほどの大合唱になります」（市川准教授）

私たち人間は、聴覚を使って情報を得ると同時に、視覚からの情報に頼る場面も多くあります。しかし海のなかは地上と違い、太陽の光が届きにくい環境です。水中では、たとえ条件がよかったとしても光が届くのはせいぜい数十メートルだといいます。一方、音は条件が整えば数千kmの距離を超えていきます。そのため、水中での鳴き声は重要なコミュニケーションツールとなっているのです。

鳴き声を録音し保護活動に役立てる

ジュゴンは、その生態の全貌については解明されておらず、いまだ謎が多い生物です。市川先生はその謎に挑んでおり、そうした研究を進めるうえでカギとなるのが「鳴き声」です。

「ジュゴンは息をするために、定期的に水面近くに上がってくるのですが、鼻だけを水上に出します。そのあとはほとんど音を立てることなくスッと潜ってしまうので、なかなかその姿を見つけるのが難しいんです。そこで、録音できる機器を水中に設置して、鳴き声を頼りに彼らの行動を探ろうとしています」（市川准教授）

複数の地点に機器を設置すると、ジュゴンがどの地点で鳴いてどのように移動していったのか、またジュゴン同士が互いの鳴き声を聞いてどんな反応をしているのかを調べることができます。

「まだ検証の段階ではありますが、ジュゴン同士が『ぴよぴよ』と言いあっていると互いの距離が近づき、接近すると『ぴー』と鳴いていることがあるので、『ぴよぴよ』は、『ぼくはここにいるよ』と自分の位置を伝える鳴き声で、『ぴー』はなにかしらの感情を表すのではないかと推測しています」と市川准教授は話されます。

鳴き声を録音することは、ジュゴンの保護を考えるうえでも重要です。これまで陸地や船上、飛行機上から目視でジュゴンを観察していた際は、姿が見えた場所を中心に生活しているのではないかと考えられていました。しかし、姿が確認された場所とは離れた地点で頻繁に鳴き声が録音されることもあるそうです。

頻繁に鳴き声が聞こえるということは、その場所がジュゴンにとって重要であると考えられ、人間が荒ら

海に潜り、機器を設置します。半径200mの音を昼夜を問わず録音できます。

研究を進めるうえで、市川准教授は、現地の研究者や住民との交流も大切にしています。

すことのないよう守る必要が出てきます。

じつは、ジュゴンの死因の原因として最も多いのは「混獲《こんかく》」です。これは、魚を捕るために仕かけている漁網にジュゴンがからまってしまうことをさします。からまると、ジュゴンは窒息し死にいたります。

このような状況を考えると、ジュゴンを保護するためには、棲息地一帯を漁業禁止にするのが、一番いい方法だと感じる人もいるかもしれません。

ただ、市川准教授は「ある島の周辺にジュゴンが棲息している。一方で、海辺の村の人は漁業で生計を立てている。この場合、島周辺での漁業を一切禁止にしてしまうと、村の人は代替の仕事を探さなくてはなりません。うまく見つけられない人もいるでしょうし、漁師であることに誇りを持ち漁業を続けたいと考える人もいるでしょう。ですから、ジュゴンと人間がうまく共生していく方法を探らなければならないのです」と話されます。

そこで市川准教授が活用されるのが、鳴き声によって判明したジュゴンの活動範囲というわけです。島の周辺すべてを漁業禁止にするのではなく、例えば繁殖活動を行っていそうなところ、休息をとっていそうなところなど、禁止の区域をある程度絞ることで、ジュゴンの保護活動と漁業の両立を図っています。

「研究を始めた当初は、漁業を全面的に禁止してしまうのがジュゴンを守る最適な方法なのだと考えたときもありました。しかし実際にジュゴンとともに生きて、そして最も近くでジュゴンを守れるのは、現地の方々です。ですから、彼らの生活を考慮しなくていいのだろうかと感じるようになっていきました」（市川准教授）

市川准教授は「研究室でデータを見ているだけではわからない、現地に行って初めて気づくことがある」という思いから、フィールドワークを重視しています。船に乗ることもあれば、洞窟を抜け崖に登って海を眺めることもあります。

地中に埋めた機器に録音された摂餌音や摂餌痕から得られる情報も貴重な研究データとなります。

ジュゴンがやってくる干潟。無数にある線がジュゴンの摂餌痕です。

「音」と「痕《あと》」で探る干潟での食事の様子

市川准教授が、毎年ジュゴンの観察・調査を行っているのがタイです。調査の際は１カ月ほど滞在するといいます。

まずは前年と海の様子に変化がないかを、ときには船の上から、ときには崖の上から観察し、その後水中に機器を設置。加えて、ジュゴンがやってくる干潟の地中にも機器を埋めます。

干潟とは、潮が満ちると水に覆われ、潮が引くと地面が露出する土地で、ジュゴンが好んで来る場所です。その理由は、ジュゴンが好きな海草が生えていること。そう、ジュゴンは草食なのです。

地中に埋めた機器に録音されるのは「ぶちぶちじょりじょり」という音。これは、ジュゴンが海草を食べる音、「摂餌音《せつじおん》」です。ジュゴンは土を掘り返して海草を根っこからかみちぎり、すりつぶして食べるため、このような音になります。

そして潮が引くと現れるのが「摂《せつ》餌痕《じこん》」です。ジュゴンが平たい口を地面につけ、海草を食べた痕が線になって残ります。この線の長さを計るのも大切な調査の１つです。

「以前は人の手で計測していたのですが、ここ数年はドローンを使うようになりました。ドローンで撮影した画像をＡＩ（人工知能）で解析すると、すぐにその長さを出してくれるんです。人だと３日くらいかかっていた作業を、１時間でしてくれるので、ドローンの登場は画期的でした（笑）」と市川准教授。

摂餌音と摂餌痕を分析することで、同時に何頭ぐらいのジュゴンが餌を食べにきているのか、どのくらいの海草が食べられたのかがわかるといいます。多いときには、なんと１００ｍ×１００ｍの範囲に９頭がいることも。

このように海草を食べに、干潟によくやってくるジュゴン。ときに海に戻るタイミングを失ったまま潮が引き、打ち上げられてしまう個体もいるそうですが、その際は現地の人が協力してその身体を転がし海に戻しています。そんなリスクを背負ってまで、干潟でエサを食べる理由とはなんなのでしょうか。

その疑問について市川准教授は「ジュゴンは食べているときは２～３分に１回、寝ているときでさえ８～10分に１回、息をしなければなりません。ですから、少し頭を上げるだけで鼻が水面に出て、少し頭を下

保護された赤ちゃんジュゴン・マリアムは、初めて会った市川准教授にも懐いてすり寄ってきました。

げるだけで海草が食べられる干潟は、むしろ絶好のエサ場なのではないかと思います」と推測されます。

打ち上げられた赤ちゃんジュゴン

20年間調査を続けられているからこそ感じられる、タイでの変化をうかがうと、「現地の方々のジュゴンへの意識です。ジュゴンを見にくる観光客が多くなると、観光業に従事する人も増えていき、ジュゴンと自分たちは共生すべきであり、守らなければならないという意識が強くなっていったのを感じました。その空気を加速させたのが、マリアムと名づけられた赤ちゃんジュゴンでした」と市川准教授。

マリアムは、何度も干潟に打ち上げられるため、保護されることになった赤ちゃんジュゴン。スタッフは交代で夜明け前から21時ごろまで水につかり、面倒をみていたといいます。スタッフの身体にすり寄ったり、足の甲の上で休んだり、ミルクを飲ませてもらったりと、人間にとても懐いていました。

市川准教授も鳴き声を録音しに、マリアムに会いにいったといいます。その際も、マイクを向けると興味津々の様子で近づいてきて、そのうち市川准教授の腕にしがみつくような仕草を見せるほどだったそう。

「残念ながらマリアムは半年ほどで死んでしまいましたが、この赤ちゃんジュゴンをきっかけに、村の人自ら、漁業禁止の区域を決めるなど、ジュゴン保護の機運が高まりました。多くの場合、行政や国の機関から漁業の規制が言い渡されるので、住民との間に大きな軋轢《あつれき》が生まれがちなのですが、タイのこの島では住民のボランティア団体が中心となってジュゴンの保護活動を行っているんです」(市川准教授)

住民とともに進める市民参加型の研究

タイの例からもわかるように、ジュゴンの保護には住民の方々の思いが欠かせません。そのため、市川准教授は今後、市民参加型の研究に力を入れていきたいと話されます。

市民参加型とは、例えば住民にタブレット端末を渡し、ジュゴンを見た場所を記録してもらうといった形です。これは、市川准教授が指導している学生が現在行っている研究手法です。

市民の方々の協力を得てデータを集め、そこから得られた研究成果を、一般の方にもわかりやすい形にして発表すると、住民の保護活動への意識が高くなるのではないか、と市川准教授は考えています。

「私が取り組んでいる鳴き声の分析やドローンで撮影した画像の解析は情報学の手法です。一方、住民に聞き取り調査を行い、その生活を理解するのは文化人類学の手法といえます。これまでも文化人類学の研究者と共同研究をしてきて感じたのは、異なるアプローチで研究をすると、いままで自分が気づいていなかった側面が見えてくるということです。また、ある面では現地の人の方が私よりもジュゴンを理解しています。ですから、自分が知っていることがすべてではないと肝に銘じながら、日々の研究を進めています」と

一日の仕事を終えて、仲間とともに見る美しい海の風景は、格別だといいます。

市川准教授。そんな市川准教授だから、現地の方々に信頼され、市民参加型の研究も可能なのでしょう。

中学生のころに描いた夢をかなえる

市川准教授が漠然と研究者になろうと考え始めたのは、中学生のころです。もともと釣りが好きで海のなかの生物に興味を持っており、また「研究者であれば、自分の好きなことを突き詰められる」と感じたのが動機とのこと。

その夢は大学で現実のものとなります。そして情報学の手法を使って研究を行おうと決めたのは、カメに発信器を取りつけてその行動を追跡するという研究手法を知ったときだったそうです。

それらの思いを持って、当時指導を受けていた教授に研究テーマを相談したところ、ジュゴンの研究をすすめられたのだといいます。

「研究者に必要な素質は、『続ける力』ではないかと思います。正直にお伝えすると、若いころは一般的な職業に就いて、企業に就職した方が安定した生活ができるんだろうなと思ったこともありました（笑）。しかし、周りと自分を比べるのではなく、自分はジュゴンの研究が好きだから続けるという強い気持ちがあったので、ここまでこられたのだと感じています。そうした『自分は自分。人は人』という考え方は、小学校時代、そして高校時代の留学で養われました。日本を飛び出して、異なる文化を持つ人たちのなかに入ったことで、新たな気づきが生まれたと感じています。ですからみなさんにも冒険心を持って、積極的に海外に飛び出していってほしいですね」（市川准教授）

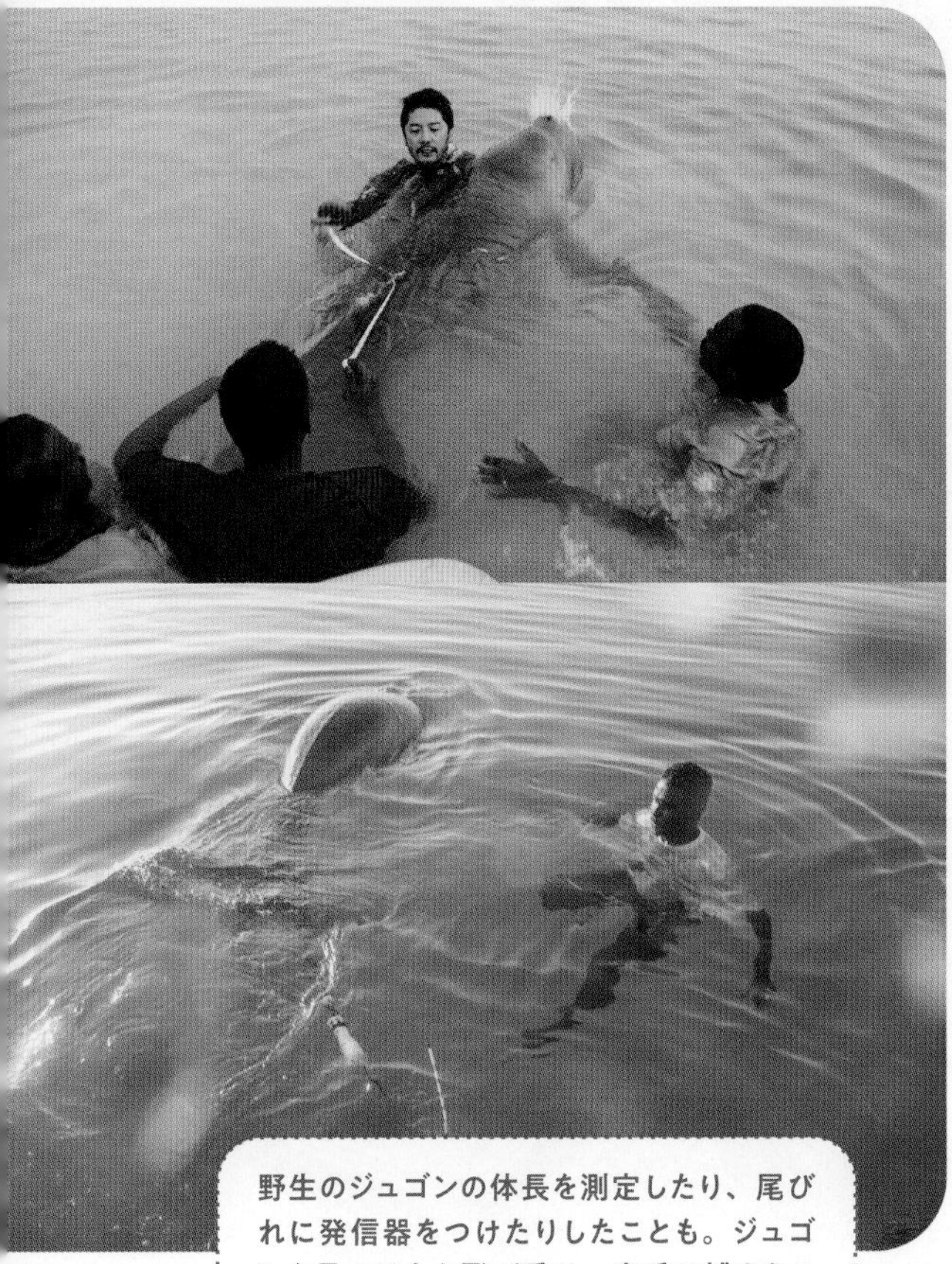

野生のジュゴンの体長を測定したり、尾びれに発信器をつけたりしたことも。ジュゴンを見つけたら飛び乗り、素手で捕まえるそうです。「ロデオ法」と呼ばれています。

研究を続ける原動力は「楽しい」という気持ち

まだまだ謎に満ちたジュゴンの生態。壁にぶつかることも多いのではないかと市川准教授にうかがうと「難しい面もありますが、逆に言えば自分のデータが世界初ということも多く、研究者冥利《みょうり》に尽きます。可愛い鳴き声に魅了されたり、初めて野生のジュゴンに発信器をつけた際は、『こんなに暴れる生物を押さえ込んだことは、いまだかつてなかった！』と思うほどの力強さを感じたりと、色々な思い出があります。なによりも『楽しい』という気持ちが強いので壁にぶつかっても、それは自分が乗り越えなければならない課題だととらえ、続けていくだけです」と話されます。

ジュゴンとその地域に暮らす人々、どちらか一方にのみ焦点を当てるのではなく、ともに生きていくための道を模索する市川准教授。

中学生のみなさんへのメッセージをお願いすると、「ジュゴン保護の最適解が私の方法かどうかはわかりません。1人ひとりが、答えを探ることが大切だと思います。みなさんにもみなさんなりの答えがあるはずです。ぜひ考えてみてください」との言葉が返ってきました。

好きなことにとことん熱中しましょう。熱中できるものが見つかっていないのであれば、まずは色々なことにチャレンジしてみてください。「自分はこれが好きだ」というものが見つかれば、それは生きていくうえでの支えになると思います。

京都大学フィールド科学教育研究センター
所在地：京都府京都市左京区北白川追分町
URL：https://fserc.kyoto-u.ac.jp/wp/

KOSEI DREAM

～夢をかなえる、世界のステージで～

2023年度大学入試合格実績

- 国公立大 ………………………… 3名
- 早慶上智理 ……………………… 34名
- GMARCH ……………………… 37名
- 三大女子大 ……………………… 15名
- 海外大 …………………………… 12名

2023年度 学校説明会日程

- 夏休み学校説明会　7/29(土)　8/5(土)
- オープンスクール　8/26(土)
- 高校説明会　7/30(日)　9/16(土)
  10/28(土)　11/25(土)　12/2(土)

※すべてWeb予約が必要です。

佼成学園女子高等学校

東京都世田谷区給田2-1-1　☎03-3300-2351　https://www.girls.kosei.ac.jp/

【アクセス】京王線「千歳烏山駅」徒歩5分　小田急線「千歳船橋駅」から京王バス15分「南水無」下車

私立高校 WATCHING

東京　調布市　共学校

明《めい》治《じ》大《だい》学《がく》付《ふ》属《ぞく》明《めい》治《じ》高等学校

大学進学後を見据えて
多様な学びにチャレンジする

今秋から新たな探究型の授業が開始される明治大学付属明治高等学校。高大の連携を活かしながら、生徒の将来をじっくり育てる学校です。

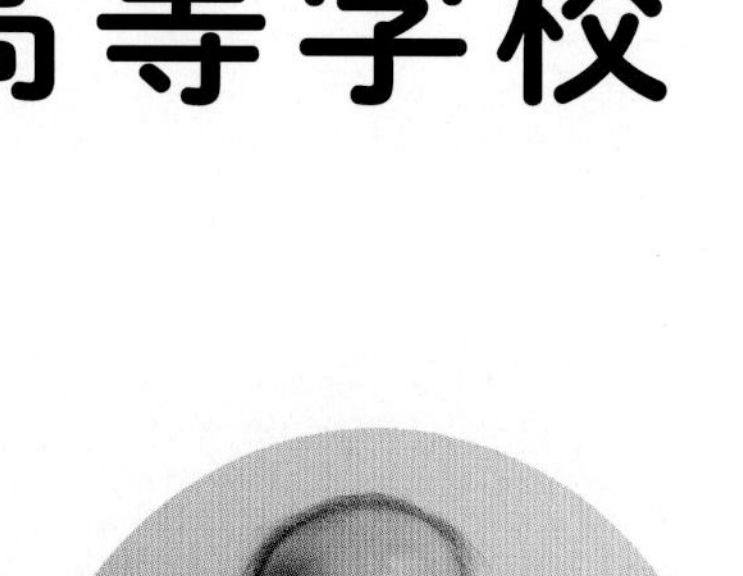

井《い》家《け》上《がみ》 哲《てつ》史《し》　校長先生

所在地：東京都調布市富士見町4-23-25　アクセス：京王線「西調布駅」徒歩18分、京王線「調布駅」「飛田給駅」、JR中央・総武線「三鷹駅」、JR南武線「矢野口駅」スクールバス
生徒数：男子423名、女子388名　TEL：042-444-9100　URL：https://www.meiji.ac.jp/ko_chu/

⇒３学期制　⇒週６日制　⇒月～金６時限、土４時限　⇒50分授業　⇒1学年7クラス　⇒1クラス約40名

互いに研鑽しあい「第一級の人物」をめざす

明治大学付属明治高等学校（以下、明大明治）は、1912年に旧制明治中学校として、東京都の神田駿河台にある明治大学の構内に開校しました。1922年に神田猿楽町へ移転したのち、2008年には調布市に校地を移して、男子校から共学校になりました。明治大学の付属校として、110年以上の歴史を重ねてきた伝統校です。

今年4月に着任された井《い》家《け》上《がみ》哲《てつ》史《し》校長先生は、ご自身も男子校時代の明大明治の卒業生です。明治大学理工学部の教授として現在も教壇に立ち、昨年度までは明大明治の同窓会「総明会」の会長を長年務めていらっしゃいました。

共学化した母校の様子についてうかがうと、「男女がそれぞれに助けあい、切磋琢磨しながら成長していこうとする雰囲気があります。そんな生徒たちの姿から、明大明治が進化し続けていることを実感できて、とても嬉しかったです」と笑顔で話してくださいました。

教育方針に据えているのは「質実剛健」と「独立自治」の2つです。質実剛健には初代校長である、鵜《う》澤《ざわ》總《ふさ》明《あき》の言葉「第一級の人物」の資質を持った社会のリーダーになってほしいという願いが込められています。また、独立自治は学問の独立を保ち、生徒同士がお互いに協力しながら問題解決を図っていこうという精神を表します。

「生徒のきずなが深いことはもちろん、教員との距離が近いことも、本校を形作る大事な要素の1つです。教員室の前にある小テーブルを使って、個別に補習や相談をしている姿をよく見かけます。勉強以外でも、先生とおしゃべりがしたくて教員室にやってくる生徒も多くいるようで、両者の信頼関係が築かれていることを感じています」（井家上校長先生）

生徒同士で単に競争するのではなく、力を合わせて目標に向かって研鑽《けんさん》を積み、教員はそれをサポートする。明大明治という環境で出会った仲間と、ともに歩んでいこうとする気持ちが、同校の生徒を「第一級」の人物へと成長させていきます。

グループワークでも生徒同士の仲のよさがうかがえます

興味関心を伸ばす新たな授業「探究選択」がスタート

教科学習においては、勉強の土台となる基礎学力をしっかりと固め、幅広い視野を身につけることを目標に、高2までは芸術選択以外の全科目を必修で学びます。高3からは文系、理系に分かれ、それぞれの進路により応じたカリキュラムで学習を進めていきます。

数学、英語に関しては週に1度、7時間目に「補習講座」（高1・高2）が開講されていることも特徴です。

さらに夏休みには、学習の定着度に不安がある生徒を対象にした「夏期補習」（1週間）も行われており、勉強の取りこぼしをそのままにしない、生徒に寄り添ったきめ細やかな指導が展開されています。

文理をバランスよく学び、知識の幅を広げる日々の授業に対し、興味のあることを深めるための時間として、今年度の秋からは「探究選択」の授業が始まります。高2の後半と高3の前半に実施されるもので、国語探究や数学探究といった13の科目のなかから、自分が受けたい分野を選んで勉強します。

例えば、今年度の高2の社会探究では、歴史、地理、公民の分野でグループに分かれて研究を進め、最終的にグループ発表を行うことが予定されています。授業はそれぞれの科目を専門とする教員が担当するため、より発展的な指導を受けながら、興味関心のある事柄についての知識を着実に蓄えていくことができます。

授業は各学年で完結するため、高3で再度、勉強する科目を選択します。高2と同じ分野を選んで学びを深めることはもちろん、新たに別の領域の学習にチャレンジすることも可能です。

「高校卒業後も、大学・大学院・社会人と『勉強』の道は続いていきます。でもじつは、『研究』は突き詰めれば突き詰めようとするほど、自分が専門とする対象や分野が狭くなっていく可能性もあるんです。探究選択は、自分が興味のあるいくつかの物事のなかから、今後なにを究めていくかを見定めるいい機会にもなると思います。高校生のこの時期だからこそできる、ぜいたくな学びを目いっぱいに味わい、その後の自分の柱になるものを見つけ出してもらいたいです」（井家上校長先生）

自分を表現する力をつける 多様な英語学習プログラム

グローバル社会に期待される資質を身につけることをめざして、明大明治は英語教育にも力を入れています。授業では、教科書の内容を学ぶだけでなく時事問題を取り上げ、科学的なことや倫理的な問題に対する意見を英語で発表する取り組みも実践されています。

さらに「TOEIC演習」といった、検定試験を意識した独自の授業も実施し、社会に出てからも役立つスキルを育成します。図書館を活用した洋書の多読も奨励されており、英語4技能を着実に伸ばしていくことができます。

また、英語教育を象徴する行事として「英語スピーチコンテスト」（高1）と「英語プレゼンテーションコンテスト」（高2・高3）があります。学年全員が参加し、大会のテーマに沿った主張やプレゼンテーションの内容を考え、英語でスピーチやプレゼンに挑戦します。

予選を勝ち抜いた生徒は代表として決勝大会に進み、審査員である明治大学のネイティブスピーカーの教員の前で発表を行います。

どちらのコンテストも、代表に選抜された生徒全員に、海外短期研修への奨学金が給付されます。

「そのほかにもトロント大学やヨーク大学での研修、現地の家庭にホームステイをするオーストラリア研修など、本校には様々な海外研修プログラムが用意されています

学校施設

図書館には7000冊以上の洋書も収蔵。背表紙に難易度ごとに色分けされたラベルが貼ってあり、自分の実力に合った本を選んで多読に取り組めます。

1.質問や自習ができるフリースペース　2.図書館　3.カフェテリア　4.鵜澤總明ホール（講堂）　5.テニスコート

（すべて希望者対象）」と井家上校長先生。留学したい気持ちをあと押ししてくれる制度が整っていることも、同校の魅力の1つだといえるでしょう。

6.7.授業風景　8.ダンス部　9.吹奏楽班　10.バドミントン部

写真提供：明治大学付属明治高等学校

学校生活

部活動、班活動（学校に対する奉仕的な活動を行う団体）では、大学生に指導を受ける機会もあり、ここにも高大のつながりが活かされています。

明治大学とのつながりのなかで将来像を見つけ出す

進路指導やキャリア教育の面でも、明治大学との高大連携が盛んに行われています。

「高大連携講座」（高2前期・高3後期）では、明治大学の全学部の教員が交代で週2時間、明大明治で講義を行います。高3になると進路選択を意識して、志望する学部の教員の講座を選んで受けることができます。さらに、高3希望者を対象に実施される「プレカレッジプログラム」を利用すれば、明治大学の講義の一部を先取りで受講することも可能です。

また、各学年の長期休暇を利用して開催される「高大連携セミナー」では、法曹界で活躍したり、公認会計士として仕事をしていたりする卒業生を講師として迎え、様々な講座が開かれます。裁判の傍聴やプログラミング、レベル別の簿記講座や理科の実験などに短期集中で取り組み、知識を身につけるだけでなく、将来のキャリア選択に活かしていきます。

「自分がなにに興味があるのかわからないときは、周りの人の力を借りながら、色々なものに触れてみてほしいです。先入観にとらわれず、実際に挑戦してみると、印象が違ってくることもあるはずです」と微笑まれる井家上校長先生。結びに、明大明治を志望する読者のみなさんにメッセージをいただきました。

「付属校が持つ時間のゆとりを、最大限に活かした教育を行っている学校です。学力的にも、人格的にも優れた人材を育てるべく、教職員が一丸となって、日々生徒に向きあっています。機会がありましたら、ぜひ一度足を運んで、その雰囲気を実際に感じていただきたいと思います。次の春に、明大明治生になったみなさんと会えることを楽しみにしています」

■2023年３月卒業生　明治大学進学状況

学部	進学者数
法学部	18
商学部	57
政治経済学部	48
文学部	13
理工学部	33
農学部	11
経営学部	17
情報コミュニケーション学部	17
国際日本学部	10
総合数理学部	20

ワクワクドキドキ
熱中部活動

山手学院《やまてがくいん》高等学校

ねころ部

動物が好きだからこそ
できることに全力投球

山手学院高等学校の「ねころ部」は、動物好きが集まる部活動です。動物愛護団体に寄付したり、犬猫の飼育のノウハウを伝えたりと、動物好きだからこその活動をしています。

今回紹介してくれたのは

高3部長 **栗原《くりはら》 沙綺《さき》**さん　高3副部長 **野﨑《のざき》 はな**さん

School information
所在地：神奈川県横浜市栄区上郷町460　アクセス：JR京浜東北線・根岸線「港南台駅」徒歩12分
TEL：045-891-2111　URL：https://www.yamate-gakuin.ac.jp/

特製グッズを販売して動物愛護活動につなげる

山手学院高等学校（以下、山手学院）には、全国的に珍しい部活動があります。その名は「ねころ部」。ゴロゴロと寝転ぶ、のではなく、「猫が喜ぶ活動」という意味が込められていて、名前の通り、猫をはじめとして、犬などの動物に特化したボランティア活動をしています。

部がスタートした当初は、地域の人といっしょに学校周辺の野良猫の避妊手術活動に協力したり、保護猫を預かったりしていました。現在は、6月のオープンキャンパス、10月の文化祭（山手祭）でのグッズ販売がメインです。活動の様子を部長の栗原沙綺さんが話してくれました。

「日ごろの活動では、リボンを織ってストラップを作っています。スマートフォンにつけられる小さなものから、名札ホルダーにつけるくらいの長さのものまで、作るサイズは様々です。文化祭でそれらを200円から1000円くらいで販売しています。昨年の文化祭は、3年ぶりに入場規制がなかったので、たくさんの人が来てくれました。ストラップなどを500個ほど用意したのですが、すべて完売しました。この売上金は、動物愛護団体に全額寄付しています。犬や猫が喜ぶものを寄付するのもいいのですが、動物愛護団体の方が自由に使えるお金を寄付した方がいいと思っています。そのお金が、なにか新しい取り組みにつながってほしいです」

副部長の野﨑はなさんも、ねころ部の魅力を語ってくれました。

「売上金を全額、動物愛護団体に寄付しますと公言しているので、来てくれた方はグッズを買いやすいのかもしれないです。自分たちで作ったものが全部売れるのは、すごく達成感があります。グッズ販売に加えて、募金箱も置いていて、こちらに寄付してくれる人も多いです。私は小学生のころに、自分で作ったミサンガなどを地元の朝市のようなところで売っていました。それと同じようなことができ、そして色々な人と好きな犬や猫のことを話せるのがすごく楽しいです」

テーマに沿ったポスター作成 飼育の啓蒙活動にも注力する

ねころ部の活動は週2日、各90分。中学生の部員もいっしょになって販売するグッズを作ります。過去には缶バッジ、ぬいぐるみ、クッション、ヘアゴムなどを作った部員もいたそうで、部の予算内であれば、自由に制作できます。

基本となるストラップは、色鮮やかなリボンを複雑に編んでいきます。簡単なものだと10分ほどで完成するそうです。部員が新しい編み方をどんどん生み出していくので、これらを後輩たちに教えるために、動画に残してだれでも見られるようにしているといいます。

「昨年の文化祭で完売したので『こんなに売れるならもっと作ろう！』というモチベーションにつながっています。活動中は部員同士でどの色を組みあわせて、どの編み方にしたら売れるかを考えているので、自然と会話が弾みます」（栗原さん）

和やかな雰囲気のなか、会話は盛り上がっていますが、部員の手は止まることなく、リボンを織り続けています。週に2回だけの活動では物足りず、材料を持ち帰って通学中の電車や自宅でグッズ制作に勤しむ部員もいるそうです。

また、文化祭では物販に加えて、毎年テーマに沿ったポスターを掲示して、犬猫を飼うのに伴う責任、大変さを知ってもらう活動にも積極的

かかわりのある動物愛護団体が開く譲渡会に参加する部員もいます。

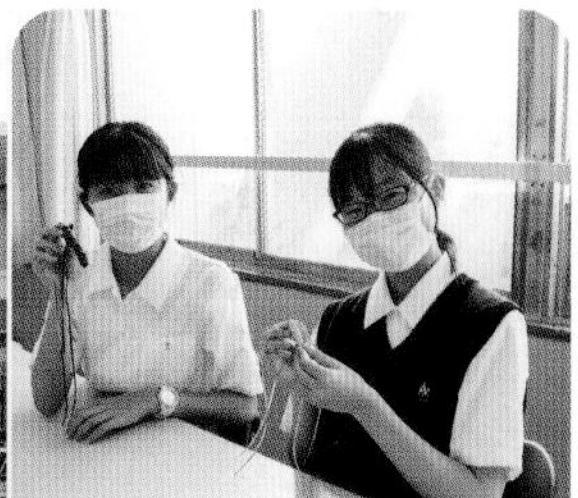

活動は週２日で、時間は90分。文化祭などで販売するリボンを全員で作ります。

教室にはストラップを作るためのリボンが大量に置いてあります。組みあわせる色を考えながら、ストラップを作成。速い人は10分ほどでできるそうです。

オープンキャンパスや文化祭で部員お手製のストラップなどを販売。昨年の文化祭では用意してた約500個を売りきったそうです。

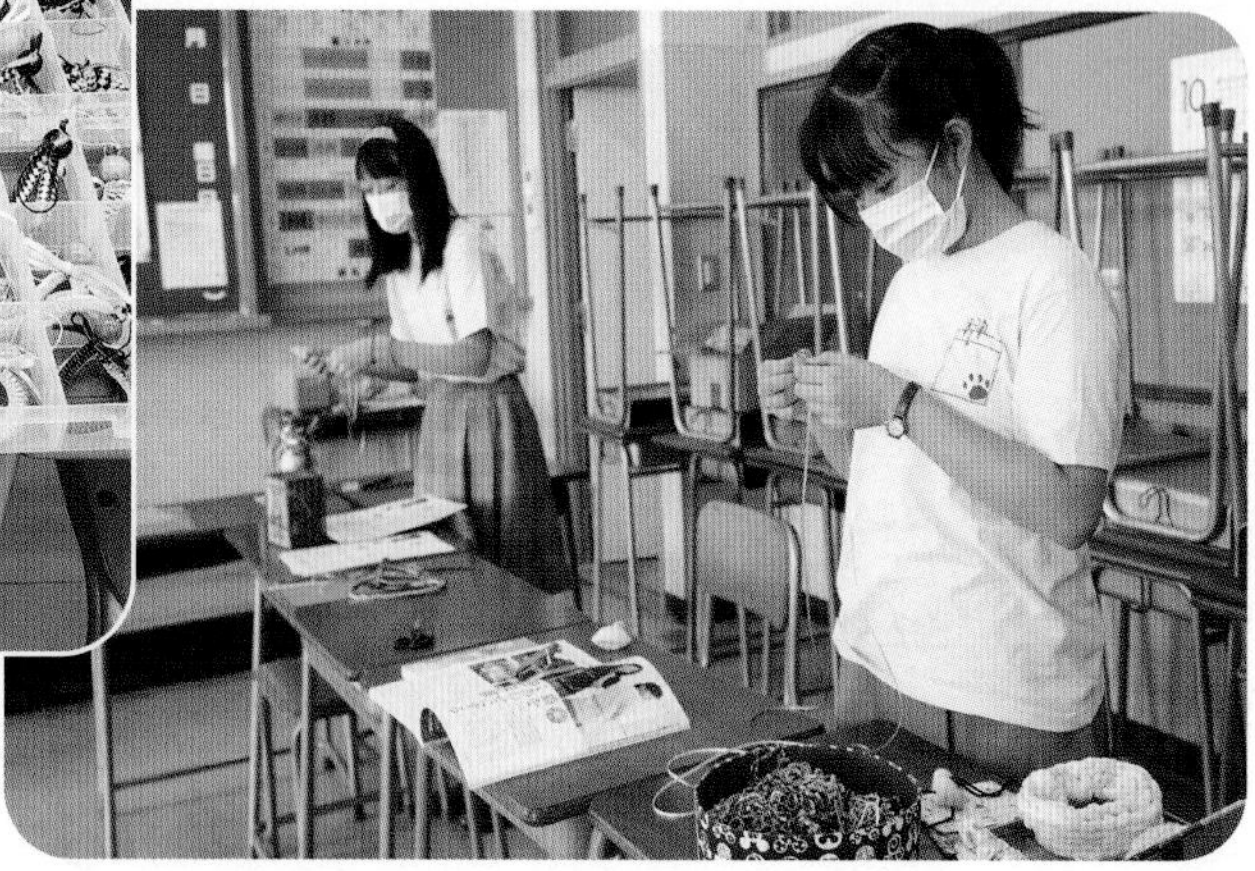

に取り組んでいます。

「例えば、多頭飼いのリスクや、犬猫を無責任に飼うとどうなるかなどのテーマを決めて、ポスターを作っています」（栗原さん）

「毎年、『避妊手術をしないとだれも幸せになれない』『犬や猫が増えて幸せ？』など、テーマに沿ったメッセージを部員が着るTシャツやパーカーのデザインに取り入れています」（野﨑さん）

そして、ねころ部の活動を通して身についたことを、栗原さんは次のように話します。

「動物愛護団体が開いている里親会に参加すると、初めて会う人と話す機会があります。大人とかかわることが多いので、コミュニケーション能力が上がったと思います」

部員のほとんどがペットを飼うほどの動物好き。だからこそ、きちんとした犬、猫の飼育方法を学び、それを周囲に伝えていきたいと考えています。

山手学院のねころ部は、好きだからこそ、飼う人も犬も猫も、笑顔になれるように、これからも様々な保護活動を続けていきます。

文化祭で訪れた人に動物愛護の理解を深めてもらうのも、ねころ部の活動の1つです。毎年、部員たちが様々なテーマに沿ってポスターを作成し、展示します。

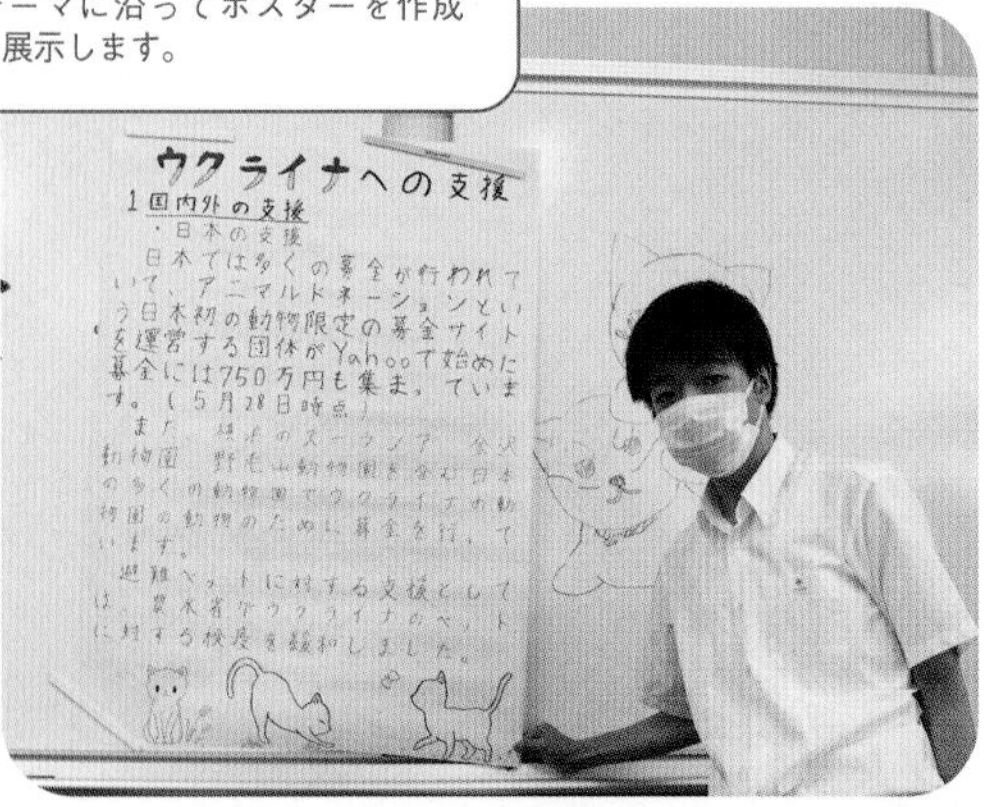

写真提供：山手学院高等学校　※写真は過年度のものを含みます

勉強 先輩からのアドバイス 受験

高3
栗原 沙綺さん　野﨑 はなさん

Q山手学院の雰囲気、いいところを教えてください。

栗原さん：体操服がなく、靴、靴下、カバンが自由なのが山手学院の特徴だと思います。上履きもないので、校内は基本的に靴のままです。学校外での行事にも私服で参加します。

野﨑さん：山手学院は国内の修学旅行がない分、海外へ行けるのが魅力の1つです。高2の4月には、北米研修プログラムでカナダに行きました。海外で様々なことを経験できることが、この学校に進む決め手になりました。また、英語の授業に力を入れているのも特徴です。

Q学校の施設のなかで好きな場所はありますか。

野﨑さん：一番好きなのは図書館です。本の数が多いですし、なによりとてもキレイです。私は百人一首が好きなので、古文を読むときになんとなく理解できるようになりました。

栗原さん：図書館には漫画やライトノベルなども置いてあるので、珍しいと思います。私は幼いころからたくさん本を読んでいました。山手学院に入ってからも図書館で何冊も読んできたので、これまで以上に、文章の読解力が上がったと感じています。

Q山手学院には計4つのコースがありますが、2人はどのコースに所属していますか。

栗原さん：私は一般クラスの文系に入っています。内進生は中3で一般クラスか選抜クラスに進みます。

野﨑さん：私は高校からなので、進学コースに所属しています。内進生と外進生はクラスが分かれていて、基本的にいっしょに授業は受けません。ほかには、難関大学進学をめざす、特別進学コースがあります。

Q部活動と勉強の両立で心がけていることはありますか。

野﨑さん：私は空手部にも入っており、メリハリをつけることに気をつけています。いまは引退が近いので、部活動の方に力を入れていて、やりきって終われたら勉強の方に部活動の熱を向けられると考えています。

栗原さん：勉強も大切ですが、部活動中はたくさん教えたいことがあるので、後輩たちに向きあうようにしています。

Q最後に読者に向けてメッセージをお願いします。

野﨑さん：山手学院に限らず言えば、どこの学校に入っても素敵な友達に出会えます。山手学院に限れば、ねころ部がオススメです（笑）！

栗原さん：高校生になったら、本をたくさん読む、部活動の仲間と話すなど、自分の好きなことを精いっぱいやって、色々なことを経験してください。

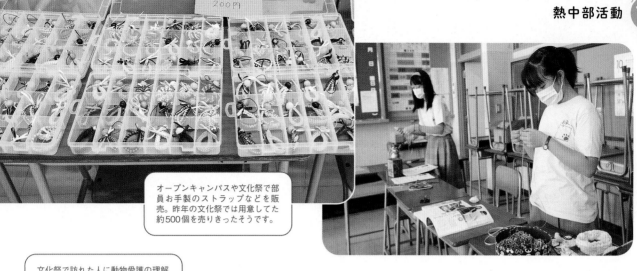

SHUTOKU　君はもっとできるはずだ

2023 EVENT SCHEDULE

入試個別説明会（WEB予約制）

場所：SHUTOKU ホール
時間：10：00 ～ 16：00

- 7／29(土)・7／30(日)
- 8／ 2(水)～ 8／ 6(日)
- 8／23(水)～ 8／26(土)
- 8／ 9(水)～ 8／13(日)
- 8／16(水)～ 8／20(日)

学校説明会（予約不要）

場所：SHUTOKU アリーナ
時間：14：00 ～　※個別入試相談あり

第1回	10／14(土)	第6回	11／18(土)
第2回	10／21(土)	第7回	11／25(土)
第3回	10／28(土)	第8回	12／ 2(土)
第4回	11／ 4(土)	第9回	12／ 9(土)
第5回	11／11(土)		

オープンスクール（WEB予約制）

8／27(日)

●クラブ体験会　●授業体験会　●プログレス学習センター見学　●ネイチャープログラム体験

修徳高等学校

〒125-8507　東京都葛飾区青戸8-10-1　TEL.03-3601-0116
JR常磐線・東京メトロ千代田線連絡「亀有駅」徒歩12分　京成線「青砥駅」徒歩17分
http://shutoku.ac.jp/

G 創立100周年を機に制服を一新

安《やす》田《だ》学《がく》園《えん》高等学校

〈共学校〉

2023年、創立100周年を迎えた安田学園高等学校。生徒たちは日々切磋琢磨しながら、21世紀のグローバル社会に貢献できる人材へと成長していきます。

学校完結型の学習環境を活かし生徒の進路実現をめざす

自ら考え学ぶ授業で進学力を伸ばす

2014年の共学化以来、様々な教育改革を進める安田学園高等学校（以下、安田学園）。自ら考え学ぶ力を伸ばす授業と課題を追究する教科外学習により、創造的学力を形成する「自学創造」の教育を実践しています。また、思いやり・倫理観・道徳観を兼ね備えた人間力の育成にも力を入れており、創立者・安田善次郎翁の教えを集めた教材「人間力をつける」を用いた人間力教育は、思春期を迎えた生徒の心の教育として高い評価を得ています。

安田学園では、東京大学などの最難関大学をめざす「S特コース」と難関国公立大学・早慶上理をめざす「特進コース」の2コース制を敷いており、生徒の成長段階に合わせて学校完結型の学習環境を整えた2ステージ制プログラムを取り入れています。

「本校では、『自ら考え学ぶ授業』を核として、高1～高2・2学期の第1ステージまでは『学び力伸長システム』により基礎学力を固め、高2・3学期～高3の第2ステージでは『進学力伸長システム』により、第1志望大学合格に向けた学習を主体的なものにし、ハイレベルな学力を養成していきます」と広報部長の藤村高史先生は話されます。

Photo　A 授業の様子　B 自習室　C 進学合宿　D 探究活動　E 放課後進学講座　F 剣道部

写真提供：安田学園高等学校　※写真は過年度のものを含みます。

「学び力伸長システム」は、学ぶことの楽しさをつかみ、自分に合った学習法を確立するための取り組みです。定期試験前「独習ウィーク」、学期末「独習デー」、到達度テスト、放課後補習などのプログラムがあり、個々の学習習慣を確立させていきます。

また、「進学力伸長システム」は、難関大学入試に対応できる学力をつけるためのプログラムです。夏期・冬期講習、進学合宿、大学入学共通テストの模試演習講座、入試直前演習講座などがあり、2月の国立大学2次試験直前まで続くため、生徒は最後まで第1志望を諦めることなくチャレンジすることができます。

この学校完結型の学習環境により、生徒1人ひとりの進路実現に向けてきめ細かくサポートしていきます。

探究活動で磨く論理的思考力

安田学園のもう1つの特徴が、週2時間行われる「探究」の授業です。高1では、企業から出される課題に対して、解決策を提案する「クエストエデュケーションプログラム」を実施しており、現実社会と連動しながら「生きる力」を育んでいきます。高2からは「トゥワイス・プラン」と称し、いま地球で起きていることをクラスで分担し調査する「グローバルリサーチ」ワークと、論理的・客観的に文章を書くための「論文」ワークの2つのワークを実施し、さらに探究力を高めていきます。

「本校では、探究の授業以外でも『根拠を追究』し、『なぜ？』を考える時間を大切にしています。なにごとも根拠を持って論理的に探究することで思考力・探究力・表現力が磨かれていきます」（藤村先生）

また、グローバル的視野を養うためのプログラムも順次再開しています。今年1月から実施された3カ月短期留学には高1・高2の70名が参加しました。また、昨夏に実施できなかったニュージーランド語学研修をこの3月に実施したところ200名が参加したそうです。今後、約2週間の夏休みニュージーランド語学研修（高1・高2希望者）や10月の高2シンガポール修学旅行も実施する予定で、異文化を体験し多様性への理解を深めていきます。

「高校生活は3年間しかありませんが、私たち安田学園の教員は、生徒が大学生になっても、社会人になっても在校時と変わらぬ気持ちで接していこうと思っています。私もいまでも卒業生たちと連絡を取りあっていますし、先日も卒業生が将来について相談にやってきました。なにか困ったことや相談したいことがあったら、いつでも戻ってきてほしいですね。安田学園はこれからもずっとサポーターとして生徒たちを見守っています」（藤村先生）

スクールインフォメーション

所在地：東京都墨田区横網2-2-25
アクセス：JR総武線「両国駅」徒歩6分、都営大江戸線「両国駅」徒歩3分、都営浅草線「蔵前駅」徒歩10分
生徒数：男子872名、女子663名
TEL：03-3624-2666
URL：https://www.yasuda.ed.jp/

2023年3月　おもな合格実績

東京大	1名	早稲田大	34名
東京工業大	2名	慶應義塾大	13名
東京外国語大	2名	上智大	43名
横浜国立大	1名	東京理科大	43名
筑波大	4名	国際基督教大	3名
千葉大	10名	国際医療福祉大	1名

※既卒生含む

学校に行こう！

学校説明会ここがポイント

受験学年の中学校３年生にとっては、天王山ともいわれる夏休みがやってきます。志望校の絞り込みは進んでいますか。学習計画はどうでしょう。学力のスキルアップはもちろんのことですが、夏休みに忘れずにやっておかなければならないことがあります。それが「色々な学校を知ること」です。そのために最も重要なのが学校説明会への参加といっていいでしょう。夏休みは学校説明会が本格化する時期でもあります。そこで今回は、学校説明会で見てくるべきポイントをお話しします。

今年の夏は
各校でリアル説明会を実施！
積極的に参加しよう！

コロナ禍の変則的実施からリアル学校説明会への回帰

学校説明会は、コロナ禍のこの3年、変則的な実施を強いられてきました。

各高校は受験生の「密」を避けるため、対面での学校説明会を諦め、合同学校説明会も軒並み中止となった2020年。その翌年からはオンライン学校説明会が主流となり、さらに昨年はリアル説明会とオンライン説明会の2本立てでの実施が各校の定番となりました。

さて、この夏からの学校説明会は、5月の5類感染症への移行を受けて、各校ともいっせいにリアル説明会への回帰を打ち出しています。

もちろん油断は禁物で、それぞれ独自の感染予防対策が敷かれることは間違いがありません。

オンライン学校説明会は、一定の効果は上げましたが短所もあり、学校の先生たちの手応えはもう1つでしたから、受験生と対面できる久々の説明会を、各校ともに楽しみにしています。

受験可能性がある学校の説明会には必ず参加しよう

夏休みが始まると、私立高校を中心に学校説明会が盛んに開催されるようになります。

学校説明会は、その学校への入学を志望する受験生やその保護者に向けて、学校の魅力や学校生活の様子、募集要項、入試に関する注意点などをお知らせするために、学校が開催するイベントです。

この時期、私立高校のなかには、すでに第1回の学校説明会を終えているところもありますが、首都圏ではほとんどの高校の学校説明会が、夏休みに入ってから始まり、11月ごろまでの間に集中します。

もともとは私立高校が積極的に行っていたイベントでしたが、現在では公立高校も年に数回の学校説明会を開催するようになっています。

受験生・保護者に向けたものだけでなく、進学塾の先生方に向けた学校説明会も、公立高校が行っているほどです。

学校説明会と名づけてはいなくとも「授業見学会」や、部活動も体験できる「オープンスクール」などを開催している学校もありますし、授業見学を随時受け入れてい

る学校も、公立を含めて多くあります。

また、様々な形態による、大小の「合同学校説明会」も、そこここで実施されています。

これらの説明会日程は、各校ともすでにホームページなどで発表していますし、追加の発表もありえます。まずは日程を確認して足を運んでみましょう。

とくに、説明会の回数が少ない学校は初秋に集中します。行ってみたい志望校の説明会日程が重複してしまう場合もありますので、その日はどちらを優先するのか、早めの確認が必要です。

高校入学後に「こんなはずでは……」などということにならないためにも、受験可能性のある学校説明会には必ず参加しておきましょう。

また、比較することによって学校を見る目も養われ、併願校を絞り込む際に重要なポイントにもなります。

併願校を絞り込む際は学校説明会が重要なポイントに！

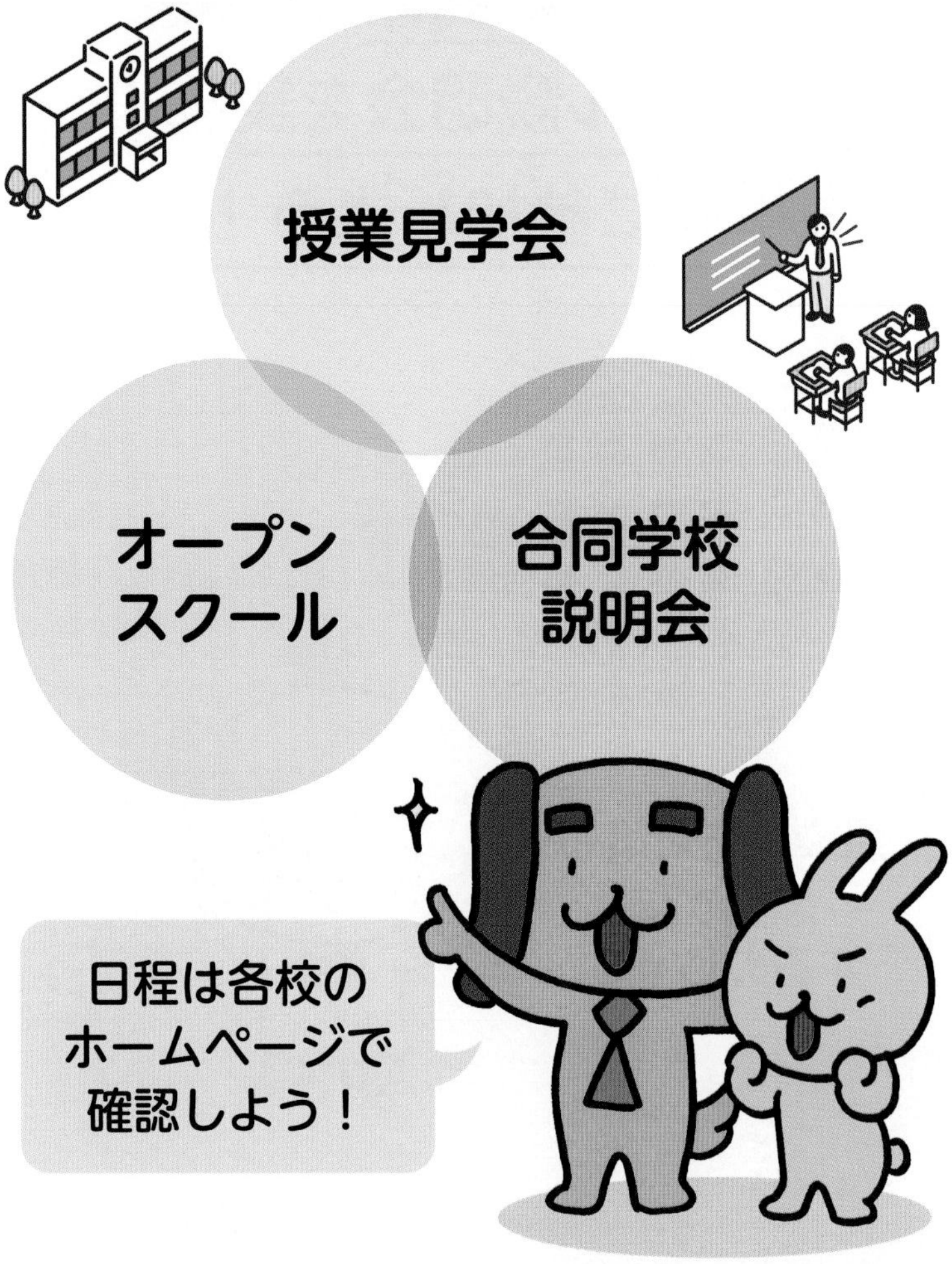
授業見学会
オープンスクール
合同学校説明会
日程は各校のホームページで確認しよう！

校風や在校生の様子、施設 交通の便や周囲の環境も大切

ここで学校説明会で、積極的にチェックすべきポイントをあげておきます。

☑ 校風

教育理念・目標、また、生徒をどのような人間として育もうとしているのか。面倒見はどうか、生徒の主体性に任せているか、逆に生徒に任せ過ぎてはいないか、校則は厳しいのか、学力だけでなく生活指導も充実しているか、「厳しい学校」なのか、「伸びのびした学校」なのかなどを確認しましょう。

☑ 生徒の様子

学校に行ったら、在校生の様子を見てくることが大切です。自主的かどうかについて、よく観察しましょう。

その際には、自分は、そういう生徒たちと友だちになれるか、という視点で見てみることです。

☑ 授業時間と教育内容

・日々の課題や予習の量と内容

・授業時間や時間割（1時限は学校によっ

学校に行こう!

学校説明会 ここがポイント

て45分、50分、65分、70分など様々）

・土曜日は授業を行うのか
・始業時間と終業時間
・部活動の時間制限（朝練は？）

☑部活動・行事

部活動に力を入れているか、興味のある部活動があるか、そのための設備は充実しているかなども重要です。

学校行事では、体育祭の様子や修学旅行（国内、海外、その費用）、文化祭、合唱祭などの規模や楽しさも確認。

☑進学実績

大学への合格者数だけでなく、実際の進学実績を知っておきたいところです。私立大学の場合、1人でたくさんの大学を受験することが可能ですので、合格者数という数字だけでは、あいまいです。

これらに限らず、学校説明会では、学校案内パンフレットやホームページには書いていない情報や資料を得られることが魅力です。

☑交通の便

その学校が自分に合っているかどうかという点で、とくに重要なのが交通の便です。毎日通学するのですから、自宅から学校までの経路について電車やバスの時刻表、乗り継ぎの良し悪しなどをチェックします。

☑施設

校舎や教室、特別教室、図書館、自習室（机の数）、体育館や武道館、グラウンドなどの一般教育施設・運動施設、コンピューター室、部室、ロッカー、更衣室、食堂。トイレの清潔感もチェックしたいものの1つです。

学校説明会で大切なチェックポイント

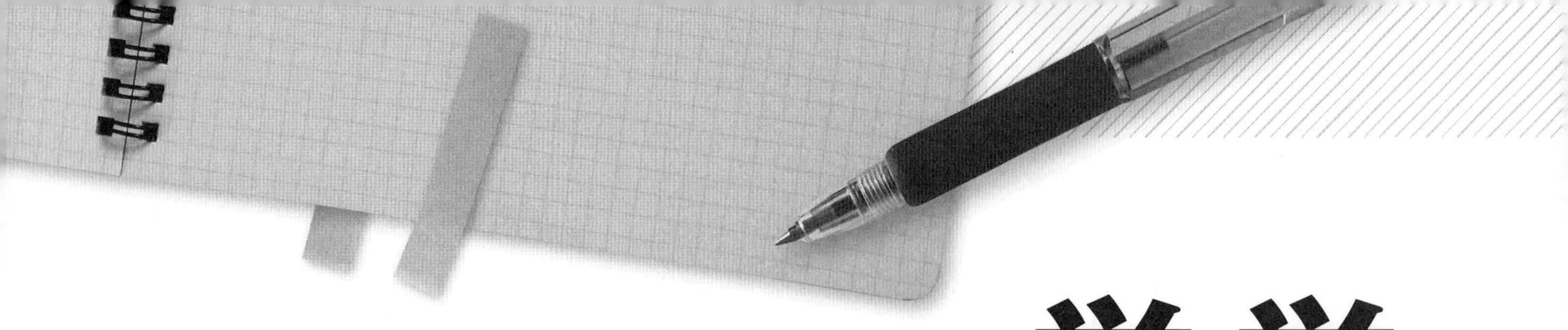

学校説明会で学校を選ぶ

森上教育研究所
高校進路研究会

学校説明会に参加するのはなぜ？

夏休みには、周囲から学校説明会への参加をすすめられているかと思います。すすめられる大きな理由は、その情報量の多さにあります。

志望校や興味を持った学校に足を運べば、在校生や先生の様子から学校の雰囲気は自分に合っているのか、また、廊下に掲示されているポスターセッション（生徒が研究成果などを1枚にまとめて発表したポスター）などから学びの深さを想像できるかもしれません。

授業見学ができる説明会であれば、生徒同士のグループワーク、スライドを用いたプレゼンテーションやオールイングリッシュの授業、PCやタブレット端末を用いた授業など、中学校とはひと味違う光景が広がっています。

さらに入試問題の解説を行う学校もあります。そこでは出題意図や問いのなかで、なにに気づけば解けるのか、そのためにはどんな心がまえが必要かなど、具体的なアドバイスをもらうこともできます。

説明会に参加すべき学校とは？

まずは進学したいと思う学校（第1志望校）、続いて、もしも第1志望に届かなかった場合に受けたい学校（併願校）、加えて、そのほかに特色ある教育など、興味を持った学校の説明会に参加することも考えましょう。

このとき学力難易度や知名度で決めがちですが、とくに私立高校は、思っている以上に個性があります。

大学進学だけでなく、グローバル教育、STEAM教育（科学・技術・工学・芸術・数学分野の教育）、探究学習などに力を入れている学校など、その個性は学校の数だけあります。

学校が力を入れている教育内容は、パンフレットやWEBサイトに書かれています。簡単に手に入れることができるものですので活用していきましょう。

学校説明会で

学校を選ぶ

いくつかの学校説明会に参加し比較してみることも大切です。

では、第1志望校はどんな学校にすればよいのでしょうか。これは人によって大きく異なります。ゆくゆくは海外で活躍したいと思っている人は、グローバル教育に力を入れている学校がよい学校になるでしょう。部活動に力を入れている人には、いま取り組んでいる競技で実績を出している学校になるかもしれません。つまりよい学校とは、「自分に合う学校」といえるのです。

これから3年間を過ごす学校が、前述した学校の個性と、自分の個性とがマッチするなら、こんなに幸せなことはありません。

校長先生の話に注目してみよう

学校の個性が端的に表れるのが、学校を代表する校長先生のお話です。例えばある校長先生は、宿題について「宿題といえば、記憶の定着などのメリットが期待できる反面、ときに『やらされ感』も伴うため、嫌々やるものになってしまう場合があります。私も子どものころから宿題が嫌いで、やらされている感覚や、宿題をやらないと叱られるという感覚を持っていました。社会が大きく変化しているいま、必要なのは未来を切り開いていく力であり、そのベースとなるのは自ら進んで学ぶ力です」とおっしゃいます。

また、ある別の校長先生は「勉強は、わからないことがわかり、できるようになって初めて学力が上がります。反復・定着目的を除くと、例えば宿題のわかるところだけやって提出するのでは、もともとわかっていてできることしかやらないため、時間を奪われるだけで学力は変わりません。学習時間を減らして学力を上げる方法はどういうやり方だろう。こういったことも生徒自ら考えて実践していってもらいたいです」と話されました。

宿題1つをとっても、校長先生により考え方は様々です。学校説明会の校長先生の話では、特色ある教育内容以外に、なぜこのような特色ある教育を行っているのか、それを実践する根拠となる考え方も話されます。

もし話の内容が難しいと感じたならば、説明会のあとに個別に質問をしてみましょう。きっと喜んでわかりやすく説明してくれると思います。

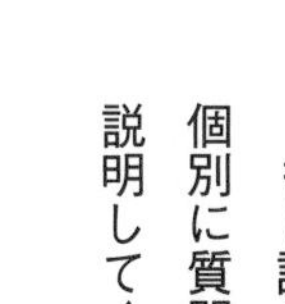

森上教育研究所

1988年、森上展安氏によって設立。受験と教育に関する調査、コンサルティング分野を開拓。私学向けの月刊誌のほか、森上を著者に教育関連図書を数多く刊行。高校進路研究会は、幅広い高校進学ニーズを抱える中学生、保護者に向け、おもにWebを通じて様々な角度から情報を提供。

今回は５月に出そろった首都圏公立高校の2024年度入試日程をまとめました。神奈川県公立高校の入試システムは改革初年度となりますので、変更点の理解は大切です。このため、次号のこのコーナーでは、改革された神奈川県公立高校入試システムの詳報をお届けします。

入試日程

東京都立　（全日制）

推薦に基づく選抜
［出願期間］2024年１月12日（金）～18日（木）
　※インターネット出願については、出願期間を別途定める（出願時に郵送受付、窓口受付になるかなども含めて、詳細は９月までに発表）。
［入試日］１月26日（金）、27日（土）
［合格発表］２月２日（金）

学力検査に基づく選抜
◆一次募集（分割前期）
［出願期間］2024年１月31日（水）～２月６日（火）
※出願の詳細に関しては、上記「推薦に基づく選抜」同様、詳細は９月までに発表）。
［学力検査］２月21日（水）
［合格発表］３月１日（金）
　※2024年度は［追検査］実施の発表はありませんでしたが、今後の状況により発表もありえます。

◆二次募集（分割後期）
［出願受付］2024年３月６日（水）
［学力検査］３月９日（土）
［合格発表］３月14日（木）

東京　スピーキングテストは11月26日 9月までの受験申し込み始まる

東京都教育委員会は、昨年度から始めた都内公立中学校の３年生を対象とした「中学校英語スピーキングテスト（ESAT-J）」について、2023年度は11月26日（日）に実施することを、正式に発表した。

インフルエンザ等感染症罹患等の理由で、実施日に受験できなかった場合の予備日は12月17日（日）。

詳細は各公立中学校で説明されるが、受験申し込みは、専用のWEBサイト（生徒用マイページ）により、各生徒が７月～９月22日（金）までに行う。

都立高校入試の英語の得点に加味されるため、対象は都内公立中学校３年生だが、都内の国立、私立中学校や、都内在住で他道府県の中学校に在籍の３年生でも、都立高校入学希望者は受験可能。その場合は事前に、0570-012366（ナビダイヤル、受付時間：月～金、午前10時～午後７時まで）に問いあわせること。

試験当日は、会場（おもに都立高校）に12時30分集合、13時開始。15時40分解散予定。実施方法はタブレット端末等を用いて、生徒を前半試験組と後半試験組の２組に分け実施。試験時間は、準備時間を含め前半組、後半組ともに各65分程度。前半組の試験中、後半組は待機、後半組の試験中、前半組は待機。

※ ESAT-J = English Speaking Achievement Test for Junior High School Studentsの略称

受験生のための
明日へのトビラ

首都圏公立高校　2024年度

埼玉県公立　（全日制）

［出願期間］ 2024年２月７日（水）、８日（木）、９日（金）。７日は郵送による提出、
［志願先変更期間］ ２月14日（水）、15日（木）
［学力検査］ ２月21日（水）
［実技検査（芸術系学科等）、面接（一部の学校）］ ２月22日（木）
［合格発表］ ３月１日（金）
［追検査］ ３月４日（月）
［追検査合格発表］ ３月６日（水）
［留意事項］
※追検査はインフルエンザ罹患をはじめとするやむを得ない事情により学力検査を受検できなかった志願者を対象とする。
※追検査の入学許可候補者は、原則、募集人員の枠外で決定する。
※欠員補充の日程および内容については、実施する高等学校において定める。

千葉県公立　（全日制）

◆本検査
［出願期間］ 2024年２月６日（火）、７日（水）、８日（木）
［志願先変更期間］ ２月14日（水）、15日（木）
［学力検査］ ２月20日（火）、21日（水）
◆追検査
［追検査受付］ ２月26日（月）、27日（火）
［追検査］ ２月29日（木）
［合格発表］ ３月４日（月）
※追検査の対象：検査当日に感染症罹患等のやむを得ない理由により本検査を全部または一部受検することができなかった者。

神奈川県公立　（全日制）

2024年度入試から面接の一律実施が廃止され、選考方法も以下のように変更される。 ※詳報次号
＜１次選考（定員の９割）＞面接がなくなるため、内申（135点満点）と入試得点（500点満点）の２要素の比率を、合計10になるように各高校が決める。
＜２次選考（定員の１割）＞面接がなくなる代わりに、調査書の「観点別評価」が採用される。具体的には中学校３年時の「主体的に学習に取り組む態度」の評価が選考材料となる。
［出願期間］ 2024年１月24日（水）～31日（水）
※インターネットにて受付予定
［志願変更期間］ ２月５日（月）～７日（水）
［学力検査］ ２月14日（水）
［特色検査・面接］ ２月14日(水)、15日(木)、16日(金)
※昨年度までの全受検生への面接はなくなった。特色検査は、調査書や学力検査では測ることが難しい総合的な資質・能力や特性等をみる検査で、学校により「実技検査」「自己表現検査」「面接」の３つがあり、必要に応じて実施する。
ただし、自己表現検査を行う、以下、学力向上進学重点校（横浜翠嵐、川和、柏陽、湘南、厚木）と学力向上進学重点校エントリー校（希望ケ丘、横浜平沼、光陵、横浜国際、横浜緑ケ丘、多摩、横須賀、鎌倉、茅ケ崎北陵、平塚江南、小田原、大和、相模原）計18校では、その自己表現検査として、共通問題と共通選択問題を用いた検査となる。これは教科横断型の問題で、検査日や科目数は各校の判断による。
ただし、14日の学力検査で５教科を実施する学校は同じ14日には特色検査は行わない。
［追検査］ ２月20日（火）
［合格発表］ ２月28日（水）

あの学校の魅力伝えます
スクペディア No.102

千《ち》葉《ば》商《しょう》科《か》大《だい》学《がく》付《ふ》属《ぞく》高等学校

千葉県　市川市　共学校

所在地：千葉県市川市中国分２-10-１　生徒数：男子670名、女子447名　TEL：047-373-2111　URL：https://www.hs.cuc.ac.jp
アクセス：JR総武線「市川駅」・JR常磐線ほか「松戸駅」バス、京成線「国府台駅」・北総線「矢切駅」徒歩20分またはバス

高大一貫教育で社会に貢献できる人材を育成

千葉商科大学付属高等学校（以下、千葉商科大付属）は、１９５１年の開校以来、「実学実践学習を基本に据え、幅広い視野を持って社会に貢献できる人材の育成」をめざしている学校です。千葉商科大学との高大一体化教育理念である「千葉学園教育ビジョン」のもと、体系的な高大一貫教育に力を入れています。

千葉商科大付属では、２０２２年度にコースを再編し、難関・上位大学への現役合格をめざす「普通科（特進選抜クラス）」、千葉商科大学・上位・中堅大学など多様な進路に対応した「普通科（総合進学クラス）」、そして大学と資格試験のダブル合格をめざす「商業科」の３クラスを設置し、それぞれのクラス目標に合わせた学びをスタートさせています。普通科は高２に進級する段階でクラス変更が可能で、千葉商科大学への付属校推薦制度も用意されています。

授業と連動した個別指導を行っているのも特徴です。土曜講座や放課後学習センターを活用し、授業内容を定着させ、生徒が進んで学習する意欲を育てています。希望者にはAI教材を利用した個別指導や小論文・面接試験の個別指導などもあり、手厚い学習支援体制が整っています。

高大一貫教育で学ぶ「金融リテラシー×ＳＤＧｓ」

近年、社会経済環境の変化や金融トラブルの低年齢化を受けて、２０２２年度より高校の家庭科の授業で金融教育が必修となりました。

これに伴い、千葉商科大付属では、金融や経済に関する知識と適切なお金とのかかわり方を学ぶ「金融リテラシー教育」を実施しています。さらに、３年前から取り組んでいる持続可能な社会と結びついた「ＳＤＧｓ」教育を土台に、「金融リテラシー×ＳＤＧｓ」を高大一貫教育として、独自の教育を展開しています。

また、普通科（総合進学クラス）と商業科はさらに千葉商科大学で学ぶ内容を先取り学習し、より高度な学びの機会を得ることが可能となっています。

高大一貫教育の活動はほかにもあり、資格取得のための特別講座や国際交流の課外活動など、様々な場面で実施されています。

時代に合わせて教育力の向上を図る千葉商科大付属。２０２３年５月末には新校舎竣工に伴うキャンパスの全面リニューアルが完了し、新たな教育活動が始まっています。

あの学校の魅力伝えます

スクペディア No.103

目《め》白《じろ》研《けん》心《しん》高等学校

東京都　新宿区　共学校

所在地：東京都新宿区中落合4-31-1　生徒数：男子440名、女子456名　TEL：03-5996-3133　URL：https://mk.mejiro.ac.jp/
アクセス：都営大江戸線「落合南長崎駅」徒歩９分、西武新宿線・都営大江戸線「中井駅」徒歩12分、地下鉄東西線「落合駅」徒歩14分

変わり続ける時代に、適応できる人へ

今年創立１００周年を迎える目白研心高等学校（以下、目白研心）。「主・師・親」の3文字で表す建学の精神は、それぞれ社会貢献、師とともに学ぶ姿勢、自分を支える方への感謝を意味し、目白研心の教育理念にもなっています。建学時からの色褪せぬ理念のもと、変化の激しい時代に適応できる真のグローバル人材の育成をめざす学校です。

個々のレベルと志望に合わせた3コース編成

目白研心では、特色ある3つのコースを用意しています。

「特進コース」は国公立大学および早慶上理等の難関私立大学への進学をめざすコースです。高い授業水準のもと、5教科をバランスよく学び、高2で文系クラスと理系クラスに分かれます。英数国で週1時間ずつ行う発展問題演習（模試対策）や、夏期特進特別講習など、大学受験を意識したカリキュラムが特徴です。

「総合コース」は授業、部活動、家庭学習をバランスよく両立するコースです。高2からは英語難関クラス、文系クラス、理系クラスに分かれて学びます。文系クラス・理系クラスは目白大学への内部進学や指定校推薦の利用も可能です。

「Super English Course」は海外の大学や世界レベルの教育研究を行う国内大学をめざすコースです。海外大学入学資格を得られる英語力の育成を目標にTOEFL iBT80点、IELTS６・０をめざします。「世界事情」「第二外国語（中国語）」「プレゼンテーション&ファシリテーション」など、学校独自の多彩な科目の授業を通してグローバルコミュニケーション力も磨いていきます。

目白研心では、「Super English Course」だけでなくすべてのコースで英語教育を重視しています。高１では全コースで週7時間の英語の授業を確保し、日本人教員による「英語コミュニケーション」「論理表現」とネイティブ教育による「Speaking/Writing」の授業でバランスよく英語の4技能を育成します。

そのほかにも、英検対策や全校生徒が英語の語彙力を競いあう「MVPテスト」も実施。「使える英語」を習得するための基礎をしっかりと学ぶことができます。

変わり続ける未来で活躍する真のグローバル人材を育む目白研心。創立１００年の節目を迎え、さらに注目が集まっています。

お役立ちアドバイス！

受験生へのアドバイス

苦手教科の勉強にやる気を出すにはどうすればいいですか？

短時間でもいいので、毎日少しずつ取り組むようにしましょう。

Advice

すでに理解されているようですが、苦手教科の克服が高校入試突破のためには必要になってきます。教科のバランスをとることは、総合得点で合否が決められる入試においては非常に重要だからです。勉強しようという気持ちはあるのだけれど、どうしても苦手教科があと回しになってしまうのですね。そういう経験はだれにでもあることだと思います。このような場合におすすめしたいのは、苦手教科の勉強を小分けにして考えることです。

たとえば「数学の勉強をする」という大まかな目標を立てるのではなく、「数学の問題集の〇ページ」、「英単語20語の暗記」といった具合に、前もって小さな学習範囲を定めておきます。そして、それを短時間でかまわないので、毎日、少しずつ繰り返してやってみてください。「短時間で少しずつ」というのが、苦手教科を克服するための秘訣です。

短時間であっても、その積み重ねが大きな成果に結びつくはずです。苦手だなと思い悩むのではなく、まずはやってみること。そこに苦手教科克服のカギがあります。

知って得する

保護者へのアドバイス

やる気はあるけれど、効果的な時間の使い方がわからないようです。時間を有効に使うコツを教えてください。

お子さんがいまやるべきことを書き出して、1つひとつこなしていきましょう。

Advice

同じような悩みは、受験生に限らず、私たち大人にも共通する悩みなのかもしれませんね。時間はだれにでも平等に与えられているものですが、食事や睡眠、学校や仕事の時間などを考えると、自由に使える時間は限定されてしまいます。

そこで、限られた時間を有効に活用するには「いま自分はなにをすべきか」を明確に把握することが大事だと思います。高校受験を控えるお子さんには「勉強しよう」という気持ちはあるのですから、「なにを、どう勉強するか」をはっきりさせる工夫をしていきましょう。

そこでおすすめしたいのが「やるべきことをリストにして書き出す」という方法です。どんな紙でもかまいませんので、「いまやるべきこと、やりたいこと」を箇条書きで思いつくまま書いておきます。そして、そのなかでやったものには線を引いて消していきます。

意外にこの消す作業が快感となり、次々にやるべきことをこなすようになっていきます。ぜひお子さんの勉強にもこの方法を試してみてはいかがですか。

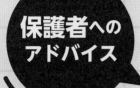

美 女子美術大学付属高等学校・中学校

JOSHIBI

Beauty in the soul

Friendship through art
bringing people together

行事予約ページ

女子美祭

～中高大同時開催～
～最大のイベント～

10月21日（土）・22日（日）
各10：00～17：00
※ミニ説明会あり

入試実技説明会

7月1日（土）

体験学習

9月10日（日）

美術のひろば

8月4日（金）・5日（土）

中学3年生対象 夏期講習会

7月21日（金）
22日（土）

学校説明会（中・高）

8月26日（土）

公開授業

10月28日（土）
11月18日（土）

ミニ学校説明会

12月 2日（土）
1月 6日（土）

New

小学5・6年生対象 入学体験会

8月25日（金）

New

女子美 なんでも質問会

11月4日（土）

中学3年生対象 秋の実技講習会

11月3日（金・祝）

高等学校卒業制作展

2024年2月29日（木）～3月5日（火）
於：東京都美術館（予約不要）

高等学校作品講評会

9月30日（土）
12月 2日（土）

卒業制作展以外は全て
予約制・上履き不要です

http://www.joshibi.ac.jp/fuzoku
〒166-8538 東京都杉並区和田1-49-8
［代表］TEL:03-5340-4541 FAX:03-5340-4542

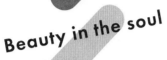

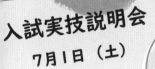

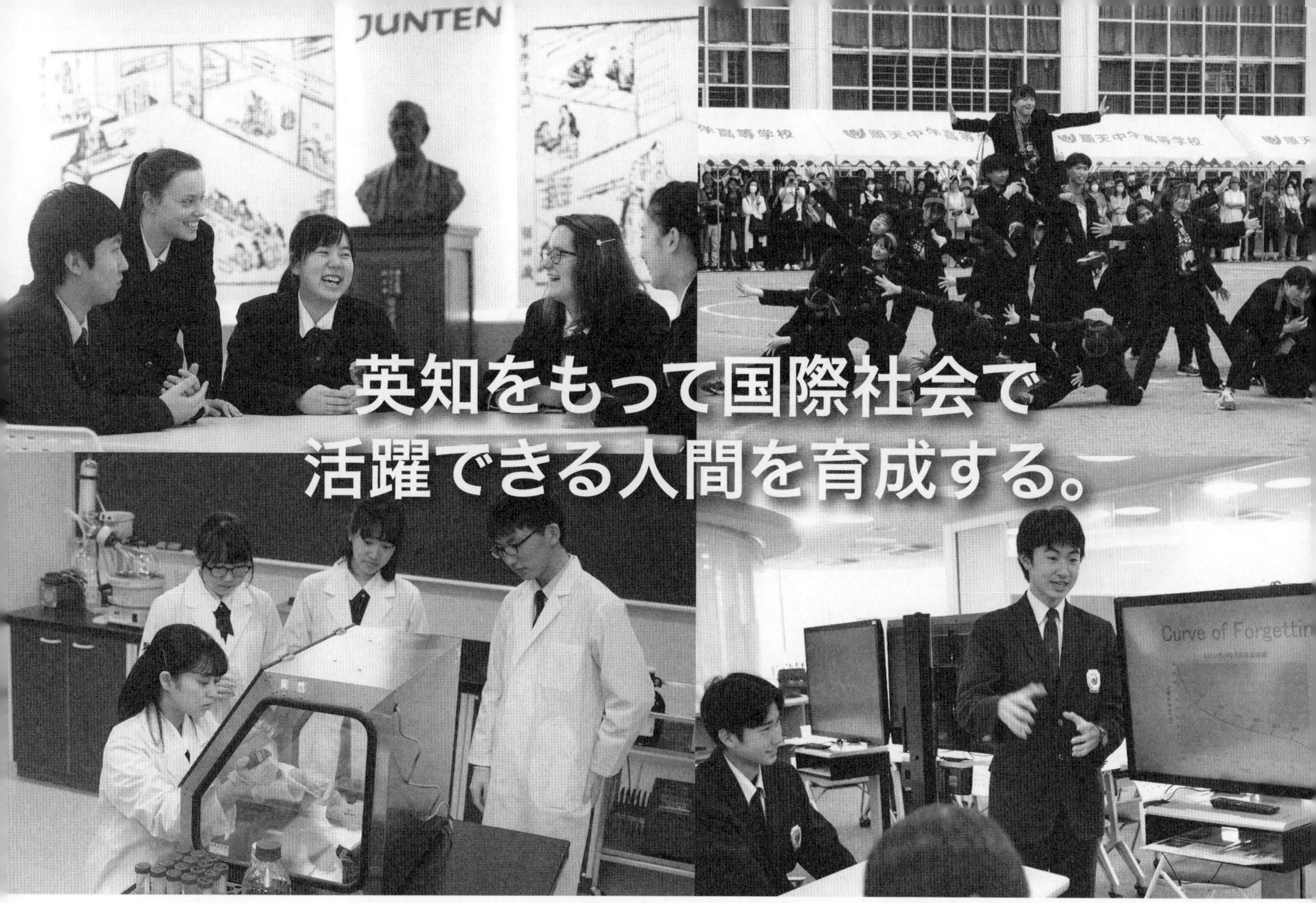
JUNTEN
英知をもって国際社会で
活躍できる人間を育成する。

創造的学力・国際対話力・人間関係力の３つの資質・能力を形成する特色教育

【進学教育】類型制により個性を生かした教科学習で深い学びをし創造的学力を育みます。
理数選抜類型：先端科学講座・プログラミング講座・放課後科学実験等の実施
英語選抜類型：英語の４技能を育てる外国事情・時事英語・TOEFL講座等の実施
特進選抜類型：2年次に文理の選択科目・英検対策・放課後課外講座の自由選択等の実施

【国際教育】英検取得・国際理解・国際交流・4コース4か国（オーストラリア・ニュージーランド・カナダ・マレーシア）の海外研修の実施により国際対話力を育みます。

【福祉教育】多彩なボランティア活動を提供し、自主的な活動を通して人間関係力を育みます。

2022年度 進学実績

国公立・難関私大（早慶上理　GMARCH）（医・歯・薬）系大に49%が実進学

学校説明会・個別相談会【要予約】

帰国入試対象 / 7月17日（月祝）

学校説明会・個別相談 / 7月23日（日）8月27日（日）9月16日（土）10月21日（土）11月25日（土）12月2日（土）

個別相談 / 10月1日（日）12月26日（火）

☆申し込み開始は各回2週間前を予定しております。　☆緊急事態宣言発令時に、実施内容を変更する場合もありますので、ご了承ください。

順天高等学校

王子キャンパス（京浜東北線・南北線 王子駅・徒歩3分）
東京都北区王子本町1-17-13　TEL.03-3908-2966

新田キャンパス（体育館・武道館・研修館・メモリアルホール・グラウンド）
https://www.junten.ed.jp/

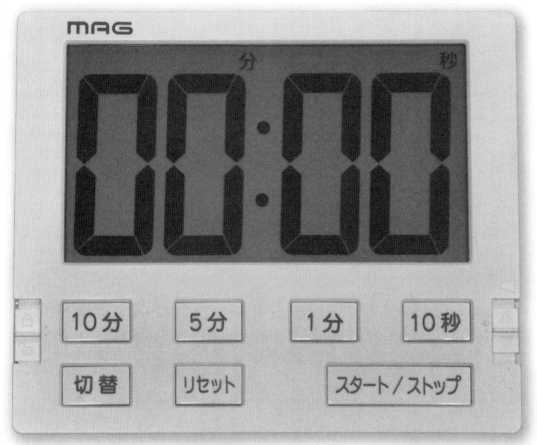

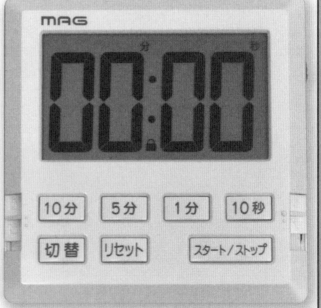

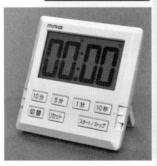

［タイアップ記事］

魅力に迫る

東《とう》洋《よう》大《だい》学《がく》京《けい》北《ほく》高等学校

■ 東京都 文京区 共学校 ■

様々な力を身につけ 主体的な姿勢で大学受験に臨む

東洋大学京北高等学校は、近年大学合格実績を伸ばしている学校の1つです。その要因はどこにあるのか、2人の先生に伺いました。

授業を真剣に聞く東洋大京北生

2023年春 大学合格実績抜粋（ ）は既卒生

大学名	合格者数	大学名	合格者数
旭川医科大(医・医)	1(0)	青山学院大	22(1)
東京外国語大	1(0)	立教大	20(0)
東京学芸大	1(0)	明治大	42(2)
埼玉大	1(0)	中央大	27(0)
千葉大	2(0)	法政大	46(2)
茨城大	1(0)	学習院大	18(0)
東京都立大	3(0)	成蹊大	13(0)
早稲田大	14(0)	成城大	9(2)
慶應義塾大	9(1)	明治学院大	28(0)
上智大	2(1)	國學院大	19(2)
東京理科大	10(2)	武蔵大	24(0)

3つの教育の柱で 生徒の希望進路をかなえる

「哲学教育（生き方教育）」「国際教育」「キャリア教育」の3つを教育の柱とする東洋大学京北高等学校（以下、東洋大京北）。同校はその名が表す通り、東洋大学の附属校であり、附属校推薦入学枠も用意されています。その一方で、高1から難関大学の受験を前提とする「難関進学クラス」と、東洋大学への進学を含め、多様な可能性を探る「進学クラス」を設置し、様々な進路選択に対応できる体制を整えています。

進路指導部長である武田浩哉先生は「大学受験においてカギを握るのは高1の1年間です。迷い悩みながらも、どんなことに関心があるのかを見つけることから始まります。そのために、生徒個々の『新しい学力』を測定できる『学びみらいPASS』を実施し、他大学が行うオープンキャンパスへの参加も促しています。年3回の進路面談で生徒に寄り添いつつも、彼ら自身に目標を見つけてもらうことを意識しています」と熱く語ります。

高2・高3は文系・理系に分かれて希望進路に沿った学びを深めていきます。東洋大学の附属校と聞くと、文系学部への進学に強いイメージがあるかもしれません。しかし、同大学には理工学部もあり、他大学の理系学部への進学も含めしっかりとサポートしています。

昨年度、高3生を受け持った澤田由佳先生は「自ら決めた目標を諦めることなく合格をつかみ取りにいくという主体的な姿勢が重要なのだと実感しました。我々教員の役割は、そんな生徒を全力で応援することです。『進学クラス』の生徒も『難関進学クラス』に負けない頑張りをみせ、高みをめざしていることが、大学合格実績の伸長につながっているのを感じます」と話します。

2023年春の大学合格実績は国公立大学17名、早慶上理35名、G-MARCH175名（その他有名大学多数）。この結果には、先生方の言葉通り、東洋大京北生が持つ主体性が関係していると考えられます。

そして、その主体性は「キャリア教育」と並ぶ「哲学教育（生き方教育）」と「国際教育」によって養われています。高2の「倫理」の授業や全員が取り組む「哲学エッセーコンテスト」、留学生との交流、フィリピンやアメリカを訪れる海外研修など、多彩な学びを通じて幅広い視野を持ち、物事を多角的に深く考えられる力が培われていきます。それらの力を身につけた自信が様々なことに積極的に取り組む姿勢につながっているのでしょう。

「3つの柱を軸としながらも、よりよい教育をめざし、変化を続けている学校です」と先生方が話されるように、これからがますます楽しみな東洋大京北です。

入試イベント

※日程は変更の可能性があります

オープンスクール 要予約
7月22日 土 8月26日 土
両日とも13:00〜17:00

学校説明会 要予約
7月29日 土 13:30〜15:00
9月16日 土 15:00〜16:30
10月28日 土 15:00〜16:30
11月25日 土 15:00〜16:30

京北祭
9月23日 土祝 9月24日 日
10:00〜15:00

SCHOOL DATA

所在地 東京都文京区白山2-36-5
アクセス 都営三田線「白山駅」徒歩6分、地下鉄南北線「本駒込駅」徒歩10分、地下鉄丸ノ内線「茗荷谷駅」徒歩17分、地下鉄千代田線「千駄木駅」徒歩19分
TEL 03-3816-6211
URL https://www.toyo.ac.jp/toyodaikeihoku/hs/

八《はち》王《おう》子《じ》学《がく》園《えん》八《はち》王《おう》子《じ》高等学校

東京　共学校

問題

1，2，3の数字が1つずつ書かれた白色のカードと，1，2，3の数字が1つずつ書かれた赤色のカードがある。これら6枚のカードを袋に入れて，よくかき混ぜてから1枚ずつ3枚のカードを取り出し，取り出した順に左から横一列に3枚並べる。並べられた3枚のカードについて以下のルールで点数をつける。

ルール

ア　並べられた3枚のカードの数字が左から右にいくにしたがって大きくなっている場合は「ストレート」といい，5点とする。

イ　並べられた3枚のカードの数字の中に同じ数字が2枚続いている場合は「ペア」といい，2枚続いている数字を点数とする。

ウ　並べられた3枚のカードの数字が左から右にいくにしたがって小さくなっている場合は「逆ストレート」といい，2点とする。

エ　**ア**，**イ**，**ウ** 以外の場合は0点とする。

例えば

[1] [2] [3]　ストレート　5点

[1] [1] [2]　ペア　1点

[3] [2] [1]　逆ストレート　2点

[2] [1] [2]　0点

である。

このとき，次の各問いに答えよ。

(1)　3枚のカードの並べ方は全部で何通りあるか。

(2)　袋の中から3枚のカードを取り出し，取り出した順に左から横一列に並べる。ルールにしたがって点数をつけて記録し，取り出した3枚のカードを袋に戻す。さらにこの操作をもう1回行う。このとき，次の（ⅰ），（ⅱ）に答えよ。

（ⅰ）　1回目の点数と2回目の点数の合計が8点になる確率を求めよ。

（ⅱ）　1回目の点数と2回目の点数の合計が1点になる確率を求めよ。

解答　(1) 120　(2)（ⅰ）$\frac{4}{225}$　（ⅱ）$\frac{28}{225}$

●東京都八王子市台町 4 -35- 1
●042-623-3461
●JR中央線「西八王子駅」徒歩5分
●https://www.hachioji.ed.jp/

【学校説明会】要予約
8月5日（土）　8月19日（土）※
8月26日（土）　9月9日（土）
各回10：30～、13：30～
※8月19日（土）は10：30～のみ

【八学祭（学園祭）】
9月23日（土祝）　9月24日（日）

レッツトライ！ 入試問題

日《に》本《ほん》大《だい》学《がく》第《だい》三《さん》高等学校

東京　共学校

問題

1から4までの整数が1つずつ書かれたカード4枚が入っている袋Aと，同じく1から4までの整数が1つずつ書かれたカード4枚が入っている袋Bがある。袋Aから1枚カードを取り出し，そのカードに書かれた整数を a とする。袋Bから1枚カードを取り出し，そのカードに書かれた整数を b とする。このとき，下の図のように，線分PQを a ： b に分ける点をRとする。このとき，次の問いに答えなさい。

PR：RQ＝ a ： b

（1）線分PQの長さを12㎝とするとき，線分PRの長さが整数になる確率を求めなさい。

（2）さとる君は線分PRの長さが整数になる場合について，その確率が1になるようにするには線分PQの長さが何cmであればよいかを次のように考えた。下の［ア］，［イ］に最も適するものをそれぞれ下の選択肢の①～⑤の中から1つずつ選び，その番号を答えなさい。また，［ウ］に入る数を求めなさい。

さとる君：線分PRの長さは，線分PQの長さの［ア］倍になる。a，b の値は1から4までの整数だから，［ア］の異なる値は［イ］通りある。これらのことから考えると，線分PRの長さが整数になる確率が1になるようにするには線分PQの長さが［ウ］の倍数になればよい。このとき，線分RQの長さも整数になる。

［ア］の選択肢

① $\dfrac{1}{a+b}$　② $\dfrac{a}{a+b}$　③ $\dfrac{b}{a+b}$　④ $\dfrac{ab}{a+b}$　⑤ $\dfrac{a-b}{a+b}$

［イ］の選択肢

①8　②10　③11　④12　⑤16

解答　（1） $\dfrac{5}{8}$　（2）ア…②　イ…③　ウ…420

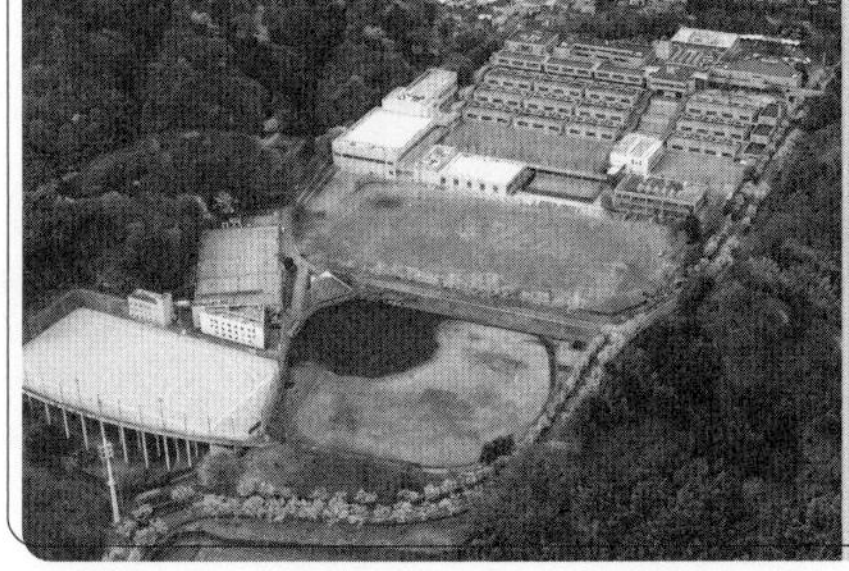

●東京都町田市図師町11-2375
●042-789-5535
●JR横浜線・小田急線「町田駅」、京王相模原線ほか「多摩センター駅」、JR横浜線「淵野辺駅」バス
●https://www.nichidai3.ed.jp/

【学校説明会】要予約
10月21日（土）
11月4日（土）
12月2日（土）

【三黌祭（文化祭）】
9月30日（土）
10月1日（日）

将来の目標を見つける3年間

光英VERITAS《ヴェリタス》高等学校

「地球を守る自覚と実践力のある次世代リーダー」の育成をめざす光英VERITAS高等学校。今回はその中核をなす「英語・グローバル教育」と「理数・サイエンス教育」の概要をご紹介します。　【タイアップ記事】

School Data〈共学校〉	
	所在地：千葉県松戸市秋山600 **アクセス**：北総線「秋山駅」「北国分駅」徒歩10分、JR常磐線「松戸駅」・JR総武線「市川駅」バス20分 **TEL**：047-392-8111　**URL**：https://www.veritas.ed.jp/

積極的な異文化交流「英語・グローバル教育」

光英VERITAS高等学校（以下、光英VERITAS）では、英語学習に力を入れる一方で、異文化交流を積極的に進めています。昨今の急速なグローバル化にあわせ、多様な他者とともに生きるための資質や、能力の育成を重視しているからです。

「先日マレーシアのチェンパカ・インターナショナル・ハイスクールの生徒53名が、本校の生徒と交流するために来校し、書道や海苔巻きづくり、浴衣の着付けといった日本文化を体験しました。本校の生徒たちも英語で校舎案内をするなど、みんなで楽しい1日を過ごしました」と話すのは冨田万貴子先生です。

今回来校したチェンパカ・インターナショナル・ハイスクールは、昨年光英VERITASが、日本代表として参加した「マレーシア日本フェスティバル」でオンライン交流をした学校で、今後はさらなる相互交流の高まりが期待されます。つづいて台湾の高校の来校も決まっており、年間を通じて様々な異文化交流の機会が用意されています。

光英VERITASでは、英語は世界で活躍するための必要不可欠な言語ツールと考え、4技能5領域をしっかりと高めていきます。具体的には、朝学習では英語の多読活動を、英会話の授業では、個々のレベルにあわせた25分間のオンライン・レッスンを取り入れています。

さらにグローバルプログラムとして、希望者対象の4日間英語漬けの「フィリピンメソッド」やアメリカ語学研修、1月から約2か月間のニュージーランドターム留学などがあり、高2の1月には英語・グローバル教育の集大成として、全員参加のイギリス修学旅行が予定されています。

「世界で起きている事象を自分ごととしてとらえ、自分ができること

を行動に移し、世界を望ましい方向に変えていける大人に成長してほしいと願っています」（冨田先生）

生徒をワクワクさせる「理数・サイエンス教育」

光英ＶＥＲＩＴＡＳの理数・サイエンス教育は、地球で起きている現象を理数的にとらえ、自分にできることはなにかを考え、実践していくことを教育の柱においています。

高１の授業では、ＳＤＧｓに関連する課題についてグループ探究を行います。高２は個々の課題設定に基づいた探究を進め、高３の前半までに論文にまとめていきます。

「本校では理科実験の際に、どんな材料を用意すればいいのかを生徒に考えさせます。なんのためにその材料を用意するのかを考えることで、実験自体を自分ごととしてとらえて主体的に取り組んでほしいのです。そうすることでより理解も深まっていきます。また、授業にゲーム的要素を取り入れて、理科に取り組みやすくするような工夫もしています」と話す笠牟田勇人先生。

また、放課後には学年の枠を超えてみんなが楽しめる「誰でもサイエンス」という取り組みを行っています。科学部の生徒の協力で実施される「わくわく科学教室」や、校舎４階からエッグプロテクターに入れた卵を落とし、卵が割れなかったプロテクターで一番軽いものを優勝とする「エッグドロップコンテスト」など、生徒がワクワクするような仕掛けを推進中です。

「生徒には、イメージすることが大事だとよく言っています。実験でも、授業でもイメージを持って取り組むことで、『なぜ？　どうして？』という疑問をより論理的に考えるようになるからです」（笠牟田先生）

東京理科大学との連携協定の締結や、新しい実験機器の導入など理数・サイエンス教育に力を注いでいます。

第一志望進学を大事にする　ＶＥＲＩＴＡＳのキャリア教育

光英ＶＥＲＩＴＡＳでは、人や社会や自然に貢献するというテーマで、「探究科」の授業を全学年で週１時間実施しています。

「私たちが大事にしたいのは第一志望進学です。『探究科』の取り組みを通して、将来なにをやりたいかを考え、そのための学びを目的とした大学選択をしてほしいのです。そうすることでより学びの質が高まり、結果として上位の大学へ進学できるようになると考えています」と副校長の大野正文先生は語ります。

光英ＶＥＲＩＴＡＳは、探究的な学びを主とする一方、それを補完する目的で今年度より英語・数学を軸に補講・補習を実施し、知識・技能の習得をさらに強化しています。成績上位層は補講でさらに学力を伸ばし、下位層には補習で基礎学力を定着させていきます。そして、それぞれが自習室を主体的に利用することで、いま以上に好循環な学習スタイルを生み出せると考えています。

「今年、東京大学に合格した生徒も、将来なにをやりたいかを考えたときに、その学び場として東京大学があったのだと思います。みなさんも光英ＶＥＲＩＴＡＳで学びたいことがきっと見つかるはずです。そして、その学びは必ず将来の目標につながっていきますので、ぜひ私たちと一緒に光英ＶＥＲＩＴＡＳで将来の目標を見つけてほしいです」（大野副校長）

オープンスクール

7月22日（土）	9：30～11：30
8月11日（金・祝）	9：30～11：30
8月26日（土）	13：30～15：30

入試説明会

10月14日（土）	9：30～11：30
11月12日（日）	9：30～11：30
12月 2日（土）	9：30～11：30

部活動見学会

9月 9日（土）	14：00～
10月14日（土）	14：00～

※すべて予約制です。

開智高等学校

開智高校ってどんな学校だろう?

大学合格実績に目を奪われやすいのが進学校ですが、開智高等学校の最大の魅力は「多彩な学びのフィールド」にあります。今回はその一部を紹介します。【タイアップ記事】

勉強もしっかり、学校行事や部活動もしっかり

開智高校といえば、多くの方が「勉強ばかり」というイメージをもっているのではないでしょうか。しかし、「勉強ばかり」の学校という訳ではありません。

開智高校は、「国際社会に貢献する心豊かな創造型・発信型・スペシャリストを育てる」ことを教育方針においています。単に勉強ができるというだけでは真のリーダーには成り得ません。周囲から尊敬されるリーダーとしての素養は、様々な困難に向かって自主的に行動することで培われていきます。開智高校では、勉強はもちろん、部活動、生徒会活動、学校行事、その他様々な活動にも自分の意志で積極的に携わることを推奨しています。

生徒には「主体性」という言葉を定着させ、教員はなるべく生徒の後ろを歩くように心掛けているため、ある意味、自由な高校生活が送れているのかもしれません。ただ、それだけでは放任となり、進学実績の向上にもつながらないため、学習面のレールはきちんと敷いています。たとえば1・2年生は、月・木曜日は「勉強の日」とし、放課後は通常8時間目まで補習があり、部活動や生徒会活動等は一切禁止となっています。もちろん補習ですので参加は自由ですが、ほぼ１００％の生徒が参加しています。火・水・金・土曜日は各自の判断で様々な活動に取り組める日と決めており、曜日によってメリハリをつけ、勉強にも勉強以外の活動にも積極的に挑戦できるシステムが整っています。

3年生になると、毎日、放課後特別講習が行われます。大学受験に必要な講習を各自選択でき、進学先レベルによっては毎日21時まで講習を受けている生徒もいます。もちろん、補習も講習もすべて無料で行っています。

「様々な活動を通して得られる成功体験によって、人として大きく成長できる」、これが開智高校の魅力です。また、それが「主体性」でもあるのです。勉強もしっかりやりたい、学校行事も部活動もしっかり取り組みたい生徒に

◆2023年度　学校説明会日程

日程	学校説明会		個別相談会
7月29日(土)	10:00～	13:00～	―
8月19日(土)	10:00～	13:00～	―
9月24日(日)	10:00～	13:30～	9:00～17:15
10月14日(土)	10:00～	13:30～	11:15～17:15
10月29日(日)	10:00～	13:30～	9:00～17:15
11月18日(土)	10:00～	13:30～	11:15～17:15
11月26日(日)	10:00～	―	9:00～17:15
12月17日(日)	10:00～	―	9:00～14:00

※HPから予約が必要です。

は、開智高校はぴったりの学校です。

開智高校のクラス編成について

開智高校では生徒の希望進路に合わせて、クラス編成やコース選択など、様々な教育システムの改革を行ってきました。1年生は、入学試験（クラス分けテスト）の結果でTコース、S1コース、S2コースに選別されます。1年間は同じ教科書で進度も同じです。2年生は、1年生の成績を踏まえ理系と文系に分かれ、成績順にクラス編成されます。この時も理系、文系それぞれの教科書は同じで進度も同じになります。

3年生のクラス編成は、2年生の時に担任と頻繁に面談をすることにより、成績に見合ったコース選択ができます。東大・京大・国立医学部等の最難関大学を志望するコース、東工大・一橋大・旧帝大の難関大学を志望するコース、埼玉大、千葉大、横国大や私立大学を専願するコースなどを自分自身で選びます。

開智高校の場合、3分の1の生徒が国公立大学に進学するため、3年生のカリキュラム自体は、国公立大学受験用の教科設定になっていますが、面談を行っていくうちに、私立大学への進学のみに絞る生徒も出てきます。そのため私立大学専願型というコースの設定もあり、受験に必要のない教科は選択しなくてもいいため、授業のない時間帯は独習室（自習室）で、自分の計画に基づいて学習が行えるようになっています。独習室には、常に教員が待機しているため、わからないことがあれば、質問をしたりアドバイスを受けることもできます。

生徒からは「受験科目に必要ない教科はカットし、必要な教科だけに集中できるので、効率よく学習ができました」といった意見も出ています。

1・2年生　時間割例　A君（1年生）の1週間

	月	火	水	木	金	土
0	―	独習	独習	―	独習	―
1	保健	情報	現国	体育	語文	数Ⅰ
2	公共	数Ⅰ	歴総	情報	芸術	現国
3	体育	語文	家庭	英会	英ヒ	英コ
4	英ヒ	英ヒ	家庭	数Ⅰ	物基	語文
昼食						
5	歴総	体育	英コ	英コ	数A	部活動
6	LHR	数A	物基	公共	数Ⅰ	
放課後	数学講習	部活動	部活動	英語講習	部活動	独習
		独習			独習	

3年生　時間割例　Bさんの1週間（文系）

	月	火	水	木	金	土
0	独習	独習	独習	独習	独習	独習
1	生基	芸術	現文	化基	体育	化基
2	現文	日世	日世	地公演	体育	生基
3	英コ	日世	日世	地公演	古典	英コ
4	古典	英ヒ	地公演	数演	英コ	数演
昼食						
5	英ヒ	数演	古典	生基	現文	世界史テーマ史特講
6	LHR	数演	英コ	英ヒ	化基	
7	東大古典特講	東大英語特講	論述基礎	独習	ⅠAⅡB演習数学特講	旧帝大英語特講
8			世界史特講	国公立英語特講		
9	戦後史特講		独習		独習	独習

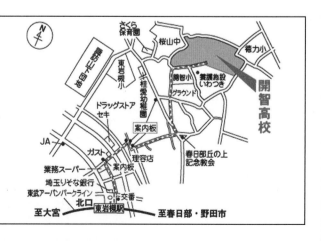

SSH
GOOD!
SMASH!
ICHIKAWA
HI!
COOL
市川

グローバル×探究

global inquiry

学校説明会
7月23日（日）
7月30日（日）
10月15日（日）

あなただけの説明会
8月 5 日（土）
8月 6 日（日）
12月 3 日（日）

学校説明会・体験入学
8月27日（日）

国際塾・部活動見学
9月19日（火）
9月20日（水）
9月21日（木）

学校説明会・Bunkyo Gakuin global Gateway
＜英語に特化した体験を実施＞
9月24日（日）

授業が見られる説明会
9月16日（土）
11月 4 日（土）

文女祭《あやめ》（学園祭）
10月28日（土）・29日（日）
入試相談も承ります

学校説明会・スポーツの日特別イベント
＜部活動体験を実施＞
10月 9 日（月祝）

夜から説明会
11月10日（金）
11月24日（金）

学校説明会・入試解説
11月26日（日）

＊上記の日程、内容は変更、中止となる場合がございます。最新版はホームページでご確認ください。
＊いずれの回も予約制となります。HPよりご予約ください。
＊各回共、校舎見学・個別相談をお受けしています。
＊Instagramにて学校生活の様子をお伝えしています。【bunkyo_girls】

詳しくは本校HPをご覧ください
受験生用

United Nations Educational, Scientific and Cultural Organization
Member of UNESCO Associated Schools

文京学院大学女子高等学校
Bunkyo Gakuin University Girls' Senior High School

〒113-8667 東京都文京区本駒込 6-18-3
tel：03-3946-5301　mail：jrgaku@bgu.ac.jp　https://www.hs.bgu.ac.jp/
最寄り駅…JR山手線・東京メトロ南北線「駒込」駅より徒歩５分　JR山手線・都営三田線「巣鴨」駅より徒歩５分

帰国生が活躍する学校

東京都 ● 共学校

東京都立国《こく》際《さい》高等学校

都立高校唯一の国際学科を有し、特色あるカリキュラムを展開する東京都立国際高等学校。２０１５年にはＩＢコースも設置され、豊かな国際感覚と優れた外国語能力を生かして、国際社会に貢献できる人材の育成を実践しています。今回は総務部主幹教諭の岩澤未奈先生にお話を伺いました。

個性豊かな仲間が集まる国際色あふれる学習環境

本校では、国際学科（レギュラーコース）と国際バカロレア（ＩＢ）コースの２コースを設置しており、学校全体が国際色豊かな環境です。ホームルームクラスは国際学科とＩＢコースの生徒たちが混ざり合って在籍しているため、どちらのコースに所属していても一緒にホームルーム活動や学校行事、委員会活動、部活動等に参加することができます。

クラスメイトには、海外帰国生や国内中学校出身生、在京外国人生徒等、様々なバックグラウンドを持った仲間が集まっているので、それぞれの価値観や異なる考え方を尊重し、またお互いに刺激し合う土壌が醸成されています。

一方で、日本語、英語を含む語学の授業や、数学、理科・社会などの主要な科目においては、フォローアップ体制も整えています。現地校に通っていたため理科や社会に自信がないという生徒も、入学後に少しずつレベルアップすることができます。

高い語学力を身につけ国際社会で活躍する

科目として英語を学ぶだけではなく、積極的にコミュニケーションがとれる英語力を身につけることを大事にしています。高校1年生の入学後には、English Summer Camp（ＥＳＣＡ）を学年行事として行っています。プログラム中はオールイングリッシュで3日間を過ごし、英語でのコミュニケーションに慣れることを目的として、諸注意や食事中の会話を含め生活のあらゆる場面を英語で過ごします。

さらに本校では、語学力を伸ばし、言語を用いて多様なコミュニケーションを取ることで、積極的に国際社会で行動する意欲を持った人材を育成することを教育目標としています。

生徒一人ひとりの興味関心の深い分野を学ぶ、多彩な選択科目として国際理解科目では、自らの原点を学ぶ「日本文化」や「伝統芸能」等の授業を実施しています。

それぞれが海外で経験してきた環

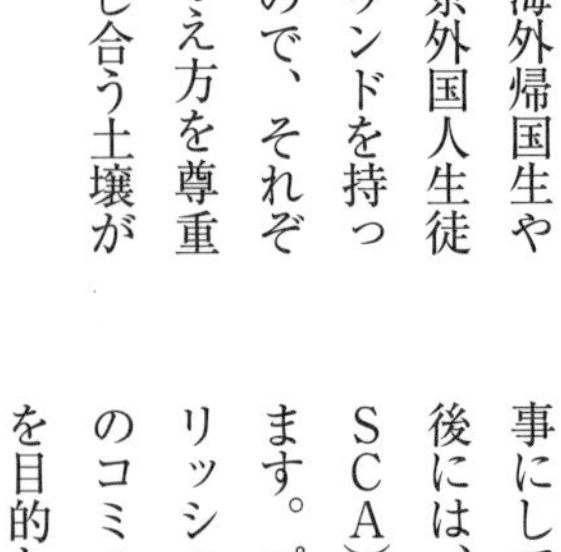

多種多様なバックグラウンドを持つ生徒がともに学び、能力と個性を発揮します。

境と日本との共通点や異なる点に気付くことで、視野を広げ、物事を多角的にとらえる力を身につけてほしいと考えています。

一人ひとりの進路に寄り添うサポート

本校には、国内外を問わず多種多様な大学への進学を希望する生徒が在籍しています。

IBコースはもちろん、国際学科からも海外大学を目指すことが可能です。本校で実施している進路講演会の中には海外大学専門の講演会もあり、生徒たちの進路選択をサポートしています。

また、卒業生たちの協力も大きく、時差の関係で現地は深夜にもかかわらず、海外からオンラインで説明会に参加してくれることもあります。

多くの授業が少人数で展開されています。写真は岩澤主幹教諭による授業。

海外大学に進学するうえでは、志願先によって出願書類が大きく異なるなど、個々の学校に則した対応が必要になりますが、本校の生徒たちはまず自分で調べ、確認し、教員に相談をするというように、目的意識を持ち、自発的な行動をとれる生徒が多いです。そして、そのような生徒たちに対して、担任やこれまで多数の海外大学への進学をサポートしてきた進路指導部の教員が全力でサポートを行っています。

もちろん、国内大学への進学も多く、近年では大学入学共通テストを乗り越えて国公立大学に挑戦する生徒や、英語力に加えて数学・理科の力を伸ばし、理系学部や医学部に進学する生徒も増えてきています。

生徒たちの目標を尊重し、それぞれの進路に適したサポートを行う体制が整っています。

国際高校を目指す帰国生の皆さんへ

国際学科の海外帰国生徒対象入試は、現地校出身者向けの作文と個人面接（日本語または英語）による検査もしくは日本人学校出身者向けの国語・数学・英語の学力検査と個人面接の2パターンです。IBコースは英語運用能力検査・数学活用能力検査・小論文・個人面接での検査を実施しています。

どちらのコースも、面接や作文・小論文を課していますので、本校のアドミッションポリシーをしっかりと理解し、さらに質問者や出題者の意図を捉えたうえで、それぞれの経験をもとにオリジナリティを発揮して欲しいと思います。

本校には多様性をベースに学ぶことができる環境があります。これからの社会で活躍していくために、切磋琢磨しながらともに成長できる仲間がたくさんいますので、興味がある方はぜひ受検を検討してみてください。

スクールインフォメーション

所在地：東京都目黒区駒場2-19-59
アクセス：京王井の頭線「駒場東大前駅」徒歩5分
TEL：03-3468-6811
URL：https://www.kokusai-h.metro.tokyo.jp

2023年3月　海外帰国生（32名）のおもな合格実績

慶應義塾大学…5名／早稲田大学…3名／上智大学…3名／国際基督教大学…1名／東京理科大学…1名／青山学院大学…2名／明治大学…1名／中央大学…2名／法政大学…1名／立教大学…3名／津田塾大学…1名／他私立大学…6名

早稲田アカデミー国際部から

夏の間にやっておきたい面接準備

受験生にとって大切な夏がやってきました。この時期、帰国生が取り組んでおきたいことは、面接試験の準備です。実際の受け答えの練習は秋以降に実施していきますが、その段階になって話す内容を考えるのは大変です。

まずは、海外で何を経験し、どのような気づきや成長があったか、それを高校生活にどう生かしていきたいのか書き出してみましょう。いわゆる「鉄板エピソード」をいくつか用意しておくと話しやすくなりますよ。

帰国生入試出願ガイダンス

一般入試に先駆けて始まる帰国生入試。早稲田アカデミーの国際部スタッフが、受験校の確定・併願の戦略・出願についてアドバイスいたします。今年は9/18（月祝）に実施。7/31（月）よりWebサイトでお申し込み開始。

中学生の未来のために！

大学入試ここがポイント

「全学生のうち理工系学生5割」をめざす施策が始動

前号までに国内の大学には、文部科学省による理工系大学、同学部への支援が進んでいることをお伝えしてきました。文科省が公表した来年度（2024年度）に新設（または改組）される学部・学科をみてみると、その影響がみてとれます。学部・学科の申請は6月末で締めきられ、8月に認可の是非が公表されますが、理工系は認可される可能性が高いと思われます。

NEWS

データサイエンス学部など 学部新設や増設の動きめだつ

下表は3月末までに申請された2024年度に学部の新設（改組）をめざす、国立大学の一覧です。データサイエンスや学際サイエンス・デザインといった学部名がめだちます。茨城大の「地域未来共創学環」という学部も、ビジネスとデータサイエンスを中心とした分野・文理横断の学びによる価値創出に挑戦する人材を養成するとしていますので、これら国立大学は、いずれも理工系学部新設、増設へと動いていることになります。

公立大学にも、下関市立大のデータサイエンス学部、高知工科大のデータ&イノベーション学群などが新設されます。

政府は国内の理工系学生の比率が他国に比べて低いこと（全学生の35％程度）が、海外との競争力で不利になるのを懸念し、2030年までに理工系学生の比率を5割にまで上げたい考えです。

この構想を受けて文部科学省はこの1月、デジタルや脱炭素系を学ぶ学生を増やそうと、現在、文系学生が多い公立・私立大学が、理工農系学部を新設や学部転換をする場合に、全体で3000億円規模の助成を発表、10年間で約250学部の再編をめざすとしています。

この施策を受けて、前述の通り3月までに公立大学には動きがありました。ただ私立大学はまだまだの立ち上がりです。

薬剤師の飽和状態を懸念して 25年以降の薬学部新設はNO

薬剤師を要請する薬学部（6年制）は、2025年以降は新設、定員増が認められないことになりました（薬剤師不足の地域を除く）。薬剤師が飽和状態になるのを心配してのものです。

2024年度学部新設（改組を含む）申請（3月末まで）

大学名	学部名	学科名	定員
茨城大学	地域未来共創学環	未定	40
宇都宮大学	データサイエンス経営学部	データサイエンス経営学科	55
お茶の水女子大学	共創工学部	人間環境工学科	26
		文化情報工学科	20
熊本大学	情報融合学環	未定	60
千葉大学	情報・データサイエンス学部	情報・データサイエンス学科	100
筑波大学	学際サイエンス・デザイン専門学群	未定	40

※文部科学省からの公表による　※筑波大の新学部はマレーシアに2024年9月開講予定（現地募集）

東大入試突破への現代文の習慣

東大入試を突破するためには特別な学習が必要？　そんなことはありません。身近な言葉を正しく理解し、その言葉をきっかけに考えを深めていくことが大切です。田中先生が、少しオトナの四字熟語・言い回しをわかりやすく解説します。

早稲田アカデミー教務企画顧問
田中としかね

東京大学文学部卒業
東京大学大学院人文科学研究科修士課程修了
専攻：教育社会学
著書に『中学入試 日本の歴史』『東大脳さんすうドリル』など多数。文京区議会議員。第48代文京区議会議長、特別区議会議長会会長を歴任。

田中先生の「今月のひと言」

書くことで考えがまとまります。答案の完成は後からついてくる！

今月のオトナの四字熟語

千思万考

国語の記述問題を苦手としている生徒から相談がありました。「どうすれば答案が書けるようになるでしょうか？」と、ずいぶんとストレートな質問です。よほど切羽詰まっているようでしたので、実際に答案を書いて見せてくれないかとお願いしました。そうすれば、どこに問題があるのか現物の作成答案を前にして、具体的なアドバイスを与えられるだろうと考えたからです。そして、目の前で入試問題を解き始めた生徒の様子を観察していて、驚きました。いや、心配になったと言えるかもしれません。なぜなら、問題と解答用紙を前にして、ピクリとも動かないからです。鉛筆すら手に持っていません。腕組みこそしていませんでしたが、机の上をにらみつけるように考え込んでいる姿は「長考する将棋棋士」さながらでした。まるで次の一手は何か？を考え抜いているかのようです。たまらず「鉛筆を持って、何か書いてみないことには始まらないよ！」と声をかけてしまいました。

将棋棋士が、最善の手はなんだろうと時間をかけて頭の中でシミュレート（駒を動かして考えてみること）している様子を表すのに、ぴったりの言葉があります。それが今回紹介する四字熟語「千思万考」なのです。藤井聡太七冠（竜王・名人・王位・叡王・棋王・王将・棋聖）が、竜王戦を制した際に

揮毫《きごう》（毛筆で言葉を書くこと）した色紙に記されていましたよ。「竜王戦の2日制の長い持ち時間の中で、深く考えることもできた。一方で深く考える中で、すべてをしっかりと掘り下げて、比較することがなかなかできなかったところもあった」と振り返っていました。32手先を読んだ、と言われる藤井棋士です。実に10億通り以上の局面をシミュレートしなくてはなりません。「千思万考」は「何度も繰り返し考えること。あれこれ深く考えて思いをめぐらすこと」という意味になりますが、本当に「千」「万」という単位で考えているのが、棋士ですよね。ちなみに四字熟語に登場する「千」「万」という数字の意味は「数が多いこと」を表すたとえですからね。具体的な数値を表しているのではありません。ですから他にも「千○万□」という数字を使った四字熟語が多数存在しますよ。思いつきますでしょうか？

いくつか挙げてみましょう。

「せんしばんこう」と同じ読み方をする四字熟語があります。「千紫万紅」と書きますよ。色とりどりの花が咲き乱れている様子を表しているのです。他にも「千変万化」（変化の多いこと）、「千差万別」（さまざまの違いがあること）、「千客万来」（多くの客が次々とつめかけること）などなど、「たくさん」という意味をもつ「千」と「万」ですからね。

さて、問題を前にして「千思万考」しているかのように見える生徒です。頭の中で、あれこれ記述答案を「シミュレート」してみているのでしょうか。タイミングがくれば「完成答案」が脳裏に浮かんできて、それを書き写してくれるのでしょうか。まるで、どこかから正解が「おりてくる」ように。断言しておきましょう。頭の中で答案が完成することはない！と。

将棋の世界で「次の一手」を考え抜くのは、「ためしにやってみる」ということが勝負においてはできないからです。だから頭の中で「ためす」のです。「千」も「万」も、ためしてみるのです。それでも間違うかもしれない、というおそれと戦いながら、決断して手を打っていくのです。打ってしまえばもう後戻りはできませんから。それに対して「答案作成」は、一発勝負でもなんでもありません。何度もためしに書いてみることができるのです。

記述は嫌いなんです！と宣言する生徒に、「どうして記述が苦手なの？」と聞くと、同じような答えが返ってきます。それは「答えが思い浮かびません」というものです。ですから棋士のように固まっていた生徒は、分かりやすい態度を示してくれただけで、苦手とする生徒はみな同じように、「頭の中」で答えを見つけ出そうとして苦心しているのだと思います。

繰り返します。「頭の中で答案は完成しない！」と。では、どうするか。「ためしに書いてみる」ことなのです。答えを書こうとするのではありませんよ。「気になった言葉」でかまいません。単語でもいいのです。文章中から書き抜いてください。そこから始まるのです。いくつか言葉を書き写し、結びつけようとして言葉を書き加え、意味を持った言葉の連なりになって初めて、「答えのようなもの」が見えてくるのです。決

して最初から「答え」が分かっているわけではないのです。目の前で、言葉をためしにつなげてみているうちに、「こんな意味になるのか!」と「発見」するものなのです。

　書いてみる前には、どんな答えになるのか分からない、というのが当たり前なのだと心得てください。だから「鉛筆を持って、先ずはひと言、書き出してみる」ということが、記述問題の攻略にとって、何よりも必要になるのです。「答えは思い浮かばない」ということ。「きっかけは文章中に必ずある」ということ。思い悩む前に「できるはずだ!」と一歩を踏み出してみてください。全てはそこから始まりますよ。

今月のオトナの言い回し

一掬の水

「一掬の水を注いでやってはくれまいか」。私にとって「恩師」といえる、大先輩からの言葉でした。あるチャレンジをする人物を応援してやってほしい、という依頼だったのです。ところが、私にもこれまで築いてきた人間関係がありまして、「あちら立てればこちらが立たぬ」という状況だといえました。それでも「応援します」と返事をしたのは、この「一掬の水」という言い回しに、心を動かされたからです。

　「一掬」は「いっきく」と読みます。「掬」という漢字は、「訓読み」をすれば、イメージがわくでしょう。「一掬《ひとすく》い」になります。「水などを両手ですくうこと」を意味します。その「ひとすくい」の量から、「わずかなこと」を表してもいます。ですから「一掬の水を注いでやって」という依頼からは、「ほんの少しでもよいので、力を貸してやってくれないか」という願いが伝わってきたのでした。

　「一掬の涙」という表現があります。こちらも「雀の涙」や「蚊の涙」という言い回しと同じように「ごくわずかなもののたとえ」という意味合いで使われることもありますが、文字通り「両手ですくうほどの涙」ということであれば、それは「たくさんの涙」を流すということにもなるのです。ですから「一掬の涙を惜しまなかった」といった小説の中の表現には注意をしてくださいね。人目をはばからず泣き続けている様子を表していますよ。

　「掬水月在手」という言葉も覚えておいてほしいですね。漢文ですので日本語の書き下し文に直してみますと「水を掬《きく》すれば月手《つきて》に在《あ》り」になります。唐の時代の詩人である于良史《うりょうし》の詩『春山夜月《しゅんざんやげつ》』に出てくるフレーズです。「手水鉢の水を両手で掬ってみれば、なんと掌の中に月が映っているではないか」という場面をえがいたものですね。なんとも風流で、茶道の掛軸としてもよく掛けられている言葉なんですよ。

高みを目指す君に、早稲アカ個別。

この夏、個別進学館で大きく伸びる！

夏は飛躍のチャンス！

まとまった学習時間が取れる夏休みは、受験学年だけでなく非受験学年の方にとっても、秋以降の学力を大きく伸ばすチャンスです。早稲田アカデミー個別進学館の夏期講習会最大の特徴は、集団塾の夏期講習会がない期間や空いている時間を活用して、一人ひとりの目標や現在の課題に合わせた学習ができること。早稲田アカデミーの指導ノウハウを最大限に活かした指導で、お子様の学力を伸ばします。

早稲田アカデミー個別進学館では、カウンセリングで学習に関するお悩みや克服したい課題をしっかり伺ったうえで、得意・苦手に合わせた「あなただけのカリキュラム」をご提案します。だからこそ、成績向上につながる効果的な学習に取り組めるのです。

集団塾の講習会をより効果的に

もちろん、受講スケジュールも自由自在。「部活などの予定がない日に」「集団塾の講習会がない日に」「集団塾の授業が終わった後に」など、ご都合に合わせて受講日・時間帯をお選びいただけます。また、1科目から受講できるので、苦手科目だけ受講したり、わからなかった単元を集中的に復習したりと、集団塾の講習会を効果的なフォローアップできます。さらに、秋に向けた学習の進め方や宿題への取り組み方など、学習管理の面でも具体的にアドバイスをさせていただきます。

また、早稲田アカデミー個別進学館の最大のメリットは、早稲田アカデミー校舎と連携を取った指導。授業の様子やテスト結果を共有することで、お子様の状況を担当がより深く把握し、目標までの最短の道筋を立てることができます。

早稲田アカデミー個別進学館の指導形態は「1対1」と「1対2」の選択制です。Webサイトには、具体的な受講プランを多く掲載しています。まずは無料学習面談で、お気軽にご相談ください。

授業スケジュール例
（1講座90分）

Yコマ…10:40～12:10
Zコマ…12:20～13:50
Aコマ…14:50～16:20
Bコマ…16:30～18:00
Cコマ…18:10～19:40
Dコマ…19:50～21:20

※校舎により異なる場合がございます。詳細は各校舎までお問合せください。また、満席になる時間枠もありますので、ぜひお早めにお申し込みください。

講習会までの流れ

❶ お問い合わせ（電話またはWeb）
▼
❷ 学習相談（要予約）
▼
❸ 学習プランのご提案
▼
初回授業スタート！

首都圏67校舎。お近くの校舎にお問い合わせください。

東京	池上校	池尻大橋校	池袋西口校	池袋東口校	大森校	荻窪校	御茶ノ水校	吉祥寺校	木場校	錦糸町校
国立校	国分寺校	三軒茶屋校	渋谷校	石神井公園校	新宿校	巣鴨校	成城学園前校	仙川校	高輪台校	立川校
千歳船橋校	調布校	月島校	戸越校	豊洲校	西日暮里校	西早稲田校	練馬校	東久留米校	府中校	平和台校
本郷三丁目校	町田校	三田校	南大沢校	茗荷谷校	武蔵境校	用賀校	神奈川	相模大野校	新百合ヶ丘校	たまプラーザ校
武蔵小杉校	横浜校	若葉台校	埼玉	大宮校	川口校	川越校	北浦和校	志木校	新越谷校	所沢校
戸田公園校	南浦和校	和光校	蕨校	千葉	市川校	海浜幕張校	新浦安校	千葉校	津田沼校	流山おおたかの森校
船橋校	松戸校	茨城	つくば校	水戸校					6月新規開校	学芸大学校

早稲田アカデミー個別進学館

お問い合わせ
0120-119-923
[受付時間] 月～金 10:00～21:00／土・日 10:00～19:00

ホームページはこちら

第一志望高校合格を勝ち取った先輩たちは、中学生のときどんな夏休みを過ごしていたのでしょうか。
部活動には参加していた？　中3の夏休みの勉強時間は？
大学受験で東大現役合格を果たし、早稲田アカデミー大学受験部に
アシストスタッフ※として勤務する皆さんに教えていただきました。

※学習や進路の相談に応じる学生スタッフ

Sさん（大学受験部 勤務）

筑波大学附属駒場高校

➡東京大学
（文科一類・2年）

今年の夏の予定

剣道！

どんな中学生だった？

趣味は読書、ドラマ・映画鑑賞など。剣道が大好きで、部活では週2日の練習に加え、土日の練習試合や大会に参加。さらに、所属していた地元の剣道クラブにも顔を出していました。

中学時代の部活動

剣道部

中3の夏休み、一番力を入れた科目は？

数学

苦手意識があったので、基本事項やパターン問題を何度も繰り返し勉強。夏は基礎を復習できる最後の機会だと思い、自分が納得できるまでやりました。

中３の夏休み 1日の勉強時間

12時間

中3受験生へのアドバイス

「1日○時間勉強」と聞くと不安になると思いますが、慣れれば意外と苦にならないものです。また、夏バテには要注意！　特に運動部の人は、引退後体を動かす機会が減って食欲が落ちがちですが、しっかり食べて体調を整えてください。

Kさん（大学受験部国分寺校 勤務）

都立国立高校

➡東京大学
（経済学部・3年）

今年の夏の予定

就職活動や語学の勉強をしつつ、旅行にたくさん出掛けたいと思います！

どんな中学生だった？

昔から運動が好きで、土曜日以外は基本的に部活に参加していました。でも、友達と放課後に遊びに行くのも大好き！部活が休みのときなどはよく出掛けていました。

中学時代の部活動

ハンドボール部

中3の夏休み、一番力を入れた科目は？

英語

取り組む問題集を決め、ひたすら問題を解いていました。また、夏から過去問演習にも取り組み始めました。

中３の夏休み 1日の勉強時間

10時間

中3受験生へのアドバイス

自分が大学受験をするとき、「中学のとき、もっと理科・社会に力を入れておけば良かった」と後悔した記憶があります。同じ後悔をしないよう、ぜひ“高校受験の先には大学受験がある”ことを意識しながら学習を進めてください。

現役東大生がアドバイス！　中学時代の
夏休みの過ごし方

Oさん（大学受験部渋谷校 勤務）

開成高校

➡東京大学
（文学部・4年）

今年の夏の予定

大学で参加しているラクロス部の活動に全力を注ぎます。大学最後の年、秋の大会で絶対勝つぞ！

どんな中学生だった？

小さいころからさまざまなスポーツをしていて、中学では野球部に所属。まさに「部活最優先！」の中学生で、平日は毎日朝練と午後練、週末は試合と、ひたすら打ち込んでいました。

中学時代の部活動
野球部

中3の夏休み、一番力を入れた科目は？

数学と社会

知識の定着に力を入れました。数学は同じ教材に何度も取り組み、基礎を徹底。社会の暗記項目は、移動や食事の時間も活用しました。

中３の夏休み 1日の勉強時間
12時間

中3受験生へのアドバイス

ぼくは夏休み中、毎日朝から夜まで自習室を利用していました。同じ科目をずっと勉強するのではなく、時間を区切って1日で全科目勉強できるよう計画を立てるとよいと思います。塾に通っている人は、ぜひ自習室を活用してみてください。

Nさん（大学受験部 勤務）

都立 日比谷高校

➡東京大学
（農学部・3年）

今年の夏の予定

花火大会や海に行くなど“夏”らしいことをしたいけど、就職活動にも力を入れなくてはなりません……。

どんな中学生だった？

走るのが速くて、中学の運動会ではリレーの学年代表に選抜されました！　部活は週６日活動があって休みは平日１日だけだったので、かなり大変だった記憶があります。

中学時代の部活動
ソフトテニス部

中3の夏休み、一番力を入れた科目は？

数学

勉強時間はあまり覚えていないのですが、朝から夜までずっと早稲田アカデミーにいたことは確か。数学が大好きだったので、特に力を入れて取り組みました。

中３の夏休み 1日の勉強時間
朝から夜まで

中3受験生へのアドバイス

よく「夏は受験の天王山」といわれますが、周囲に振り回される必要はありません。目標に向けて“自分を追い込み、高める”努力は必要ですが、自分なりのペースで進めることが大切だと思います。

東大生リトの とリトめのない話

夏休みをムダにしない！ 生活面と勉強面からアドバイス

お久しぶりです、リトです。気温が上がり暑くなってきました。みなさん、体調を崩してはいないでしょうか。さて、夏休みが近づいてきていますが、夏休みといえばなにを思い浮かべますか？ 花火やプールなどのレジャーを想像する方が多いはずです。一方で、夏休みは勉強も大切ですよね。ところが「夏休みの勉強って、なにをどうやったらいいのかわからない」という方も多いと思います。今回は、そんなみなさんに向けて、夏休みをムダに過ごさないために生活面で気をつけることや、勉強計画の立て方と実践法についてお話ししたいと思います！

「早寝早起き」以外にも大切なことが3つある！

夏休みに集中して勉強するためには、生活面でどのようなことに気をつければいいでしょうか。ぼくが思うのは以下の4点、「家でなく外で勉強する」、「人と会う」、「早寝早起きをする」、「エアコンで風邪をひかない」ということです。

最初の2つに関しては、昨年の夏増刊号でも少し触れました。ぼくの場合、暑いし外に行くのが面倒なので家で勉強しようとしても、リラックスしすぎてダラダラしてしまうので勉強がはかどりません。また、1人よりも、人と会っていっしょに勉強をする方が刺激になります。こういうタイプは、人と会わずに家で勉強しようとしても集中できず、勉強がはかどらなかった罪悪感でやる気を失ってしまいます。ぼくがまさにそうなので、夏休みにはよくこの過ちを繰り返して、その度に後悔した記憶があります。いまでもその傾向はあるので、頑張って外に出るようにしています。

3つ目の「早寝早起きをする」に関

リトのプロフィール

東大文科三類から工学部システム創成学科Cコースに進学（いわゆる理転）をする東大男子。プログラミングに加え、アニメ鑑賞と温泉が趣味。

リトが現在研究対象としているエアコンの機械の一部（スクロール圧縮機）。これは3Dプリントしたものだそう。夏はエアコンのあたりすぎに注意!?

してですが、「当たり前でしょ。先生とか親とかが言いそうなことを」と思った方も多いと思います。

これは先ほどの話と似ているのですが、朝遅く起きるとそもそもやる気を失いますし、すぐに朝昼兼用のご飯を食べるので眠くなってしまい、勉強どころではありません。では、どうしたら早寝早起きができるのでしょうか。答えは簡単で、午前中に人と会って勉強する予定を入れることです。これでポイントの1つ目から3つ目までをクリアできます。ただし、なるべく真面目な人と約束するのがおすすめです。

でもぼくの場合は、約束をした相手も自分と似たような人で、お互い待ちあわせに遅れて昼や夕方に会うことが多かったです。これをどうしたかというと、ほかにも真面目な性格の人を誘うことで、なんとか午前中に外で勉強を開始できるようになりました。

4つ目の「エアコンで風邪を引かない」はこれまでの3つとは毛色が違うお話です。暑いのでエアコンの冷風に直接あたりたくなりますが、気をつけないと身体が冷えて風邪を引きます。せっかくの夏休みを棒に振らないためにも、エアコンの冷風が直接身体にあたらないように気をつけてください。外出時に避けられないときは、薄手の上着などで体温調節をするといいです。

ちなみに、いまでも気をつけるのを忘れて毎年夏風邪を引いているのですが、最近は喉が少し痛くなったタイミングで対処するようにしています。

夏休みの勉強・実践編 目標は「1冊極める」

さて、いよいよなにをどう勉強するかについてお話をしたいと思います。なにに関しては人それぞれですが、どの学年の方も、これまで学んだ内容を各教科、参考書1冊ぶんずつ完璧にしてください。英語に関しては、単語などを別として1～2冊参考書を選び、それを完璧にするのがいいでしょう。「夏休みだからたくさん勉強できる！」と思って手を広げたくなると思いますが、それだとやはり中途半端になってしまいます。まずは「1冊極めてやる！」という姿勢で勉強してください。

加えて、中3生は夏休みの中盤かそれより少し前くらいに、志望校の過去問を1年分やってみてください。はじめは全然解けなくてつらいかと思いますが、それで大丈夫です。どのような問題が出るのかを学んでください。つらくても、解けない経験は焦りを生んでくれるので、その後の勉強の効率がよくなると思います。ぼくは夏休みでなく冬に過去問をやりましたが、志望校の入試問題の傾向とは違った勉強をしていたり、非効率的なやり方をしていたことがわかりましたので、過去問は早めに始める方がいいと思います。

どう勉強するかは、各教科をまんべんなくやるのがおすすめ。最初の1周※はとにかく早く終わらせることを意識すると、何周もできるのでいいと思います。15日で各教科1周終わって、その後10日でもう1周、さらに5日でもう1周というようなイメージです。

みなさん、夏休みはもうすぐです。体調を崩さず、暑さにやられないように頑張ってください！

※教科書や参考書を最初から最後まで勉強すること。

キャンパスデイズ 十人十色

東京大学

文学部国文学専修３年生

吉田《よしだ》 帆花《ほの か》さん

Q まず、東京大学を選んだ理由を教えてください。

４年間を過ごすうえで、環境を重視していました。学生の雰囲気が自分に合っていたこと、高い専門性を持つ先生がいること、そして、図書館などの施設が整っていたことで、ここならやりたいことを自由にできそうだなと感じました。

また、文章や絵画に興味があったのですが、どれを深めるかを決めきれませんでした。ですから「進振り」※によって、大学入学後に専門を決められることも魅力的でした。そこで、文学部につながる文科三類を受験することにしました。

Q 文学部国文学専修に進もうと思ったきっかけはなんですか？

高校のときに古文が好きだったことが理由の１つです。

それに加えて、大学の授業を受けていくなかで国文学に決めました。１年生のときに「ことばと文学」という講義を受けた影響が、とくに大きかったと思います。

これは文学を読むだけでなく、歴史的背景や物語論など、様々な角度から文学を分析する授業です。授業内容のおもしろさに加え、ここで初めて取り組んだ小論文を教授にほめてもらったことが、国文学を専攻する決め手になりました。

文学部は研究の対象がとても幅広く、文字で書かれたあらゆるものを扱います。まるで、総合格闘技のようです。

研究する際には、その時代の歴史を学んだり、哲学の理論を参照したり、植物を扱う内容であれば当時の植物について調べたりと、あらゆる角度から研究します。それと格闘する楽しさ、自分はどういう切り口で研究していくのかを考えるのが、文学部の醍醐味だと思います。

※進振り＝「進学選択制度」。１、２年生は全員が教養学部に入り、２年生の後期から進学する学部・学科を選択する制度。

様々な角度から 文章を分析していく学問

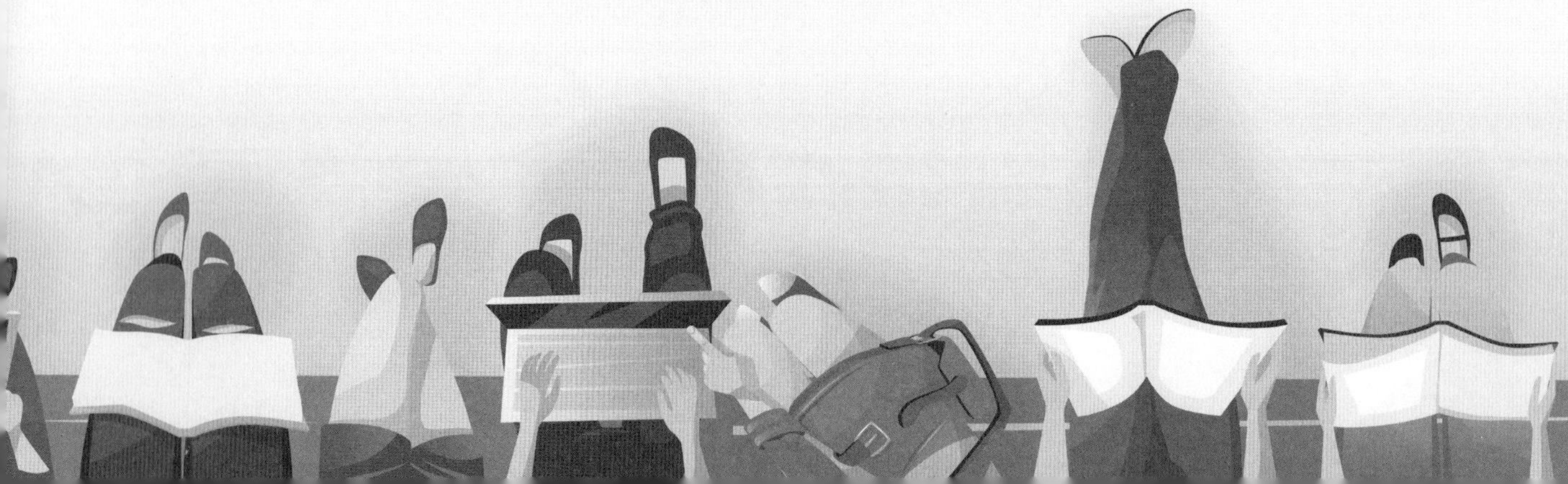

Q 東京大学の魅力はどんなところですか？

「これがやりたい」という思いがあれば、色々なことができることです。逆に決まっていなくても、とくに下級生のうちは様々な授業を受けられるので、幅広い分野を学びながら、自分はなにに興味があるのかを探していけます。そのうちに意外な出会いがあるはずです。

私にとっては「美術論」がその1つで、これまで知らなかった作品にまつわる歴史的背景を学び、ものの見方が変わりました。

実践の場に出たから新しい視点を持てた

Q 現在はインターンをするために休学されているそうですが、そのきっかけを教えてください。

インターン先は、「ヨンデミー」という、子ども向け読書教育をオンラインで提供している会社です。きっかけは、先にインターンをしていた友人が声をかけてくれたことでした。

いっしょに受講していた英語で論文を書く授業で、私が読書と教育をテーマにしたことを知って、誘ってくれたそうです。

読書や教育に興味があったので、実際に子どもに影響を与えられることをしてみたいと思い始めました。

2年生のときは学業と両立していたのですが、いまはここに集中して力をつけたいと、休学しています。

Q インターンは、どんなところがおもしろいですか？

保護者へのインタビューや広告の作成など、様々な挑戦をさせてもらえます。イチから広告を作ったり、自分でたくさんの記事を書いたりと、生み出せることが楽しいです。

また、インターンを通して、人生の転機と言えるくらい大きく考え方が変わりました。

私はビジネスに興味がなく、将来に向けての選択肢として教員免許を取ろうと思っていました。

でも、思いきってインターンをしてみたことで、これまで想像していた教職やボランティアだけでなく、ビジネスを通してでも、子どもの成長をサポートする仕組みを作ることができるのだと知りました。

それに、お金も時間も限られた中で、なにをやるべきかを考えなければならないことも、大学ではわからなかった視点でした。

Q 読者のみなさんへ、メッセージをお願いします。

自分のために頑張れるのは自分だけだし、努力の成果はほかの人に横取りされません。高校、大学に進むにつれ、世界が広がり、新しい人やモノとのおもしろい出会いがあるので、頑張ってほしいです。

TOPICS

隙間時間の有効活用が成長のカギを握る!

受験への考え方はシンプルで、できないことを1つずつできるように意識していました。「昨日より用語を1個多く覚えた」など、ちょっとした進歩を重ねていくのが大事です。

中学生のころは吹奏楽部に所属していました。週4日は練習があり、引退時期も中3の秋と、ほかの部活動に比べて時間がありませんでした。

そのため、隙間時間を有効に使うことを意識していました。家に帰ってから、お風呂の時間やそのあとの晩ご飯までの時間、お店での待ち時間など、時間を見つけては暗記の勉強をよくやっていました。地歴や理科でなかなか覚えられなかったところを、そこで勉強できたのはよかったですね。

インターンを始めてからこれまで読んでこなかったビジネス書にも興味を持ち、読書の幅が広がったそうです。

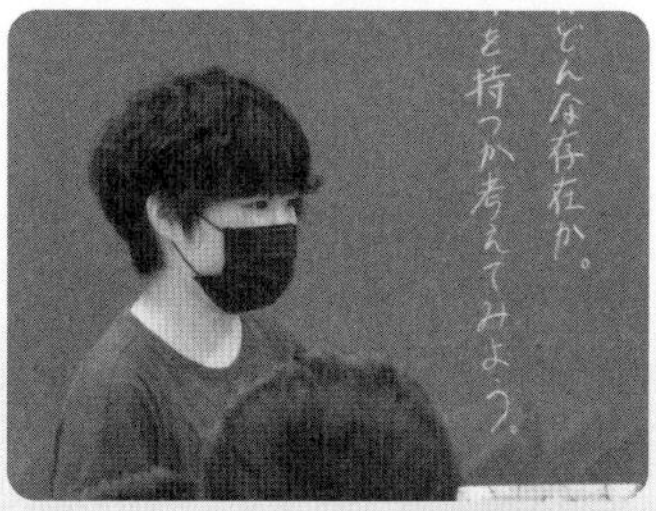

大学の授業からのひとコマ。教育にも興味があるという吉田さんは、「国語科指導法」という授業を受講し、模擬授業にも取り組んだとのことです。

高校で所属していた合唱部で行ったクリスマスコンサートでの1枚。課題も多いなか、オン、オフをうまく切り替えながら、部活動と勉強を両立させていたそうです。

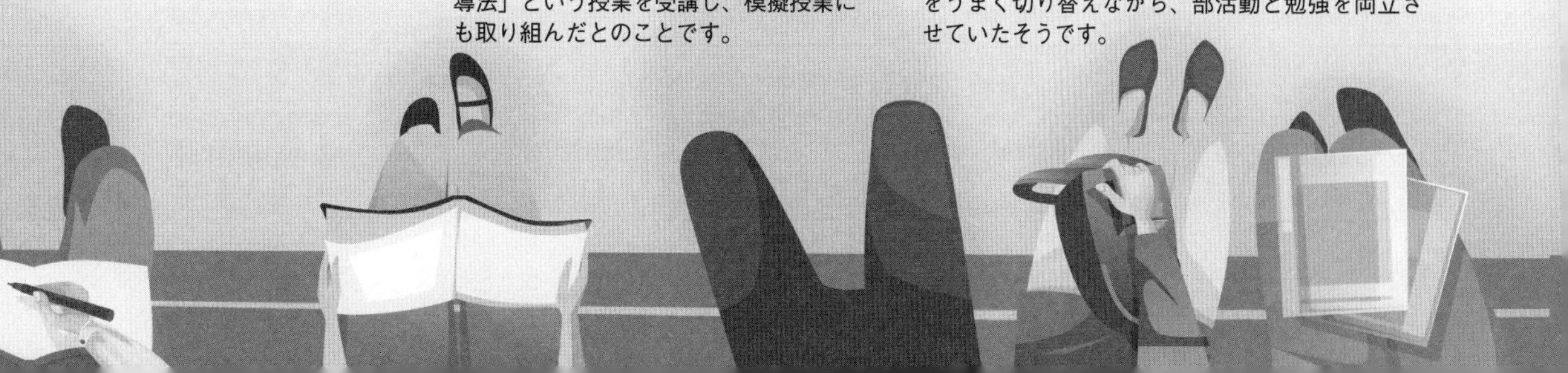

埼玉私学フェア 2023

事前予約制

個別相談で自分の最適受験校を探す

※日程および内容は変更されることがあります。詳しくは埼玉県私立中学高等学校協会HPでご確認ください。

当協会HP QRコード

熊谷展 2日間開催

7月29日㊏ 30日㊐

会場：キングアンバサダーホテル熊谷　3階
プリンス・プリンセス

川越展 2日間開催

8月19日㊏ 20日㊐

会場：ウェスタ川越　1階　多目的ホール

大宮展 2日間開催

8月26日㊏ 27日㊐

会場：大宮ソニックシティ　第1～5展示場

埼玉県内私立高校　※は中学校を併設

（参加校は会場によって異なります。ホームページでご確認ください）

青山学院大学系属	春日部共栄※	淑徳与野※	東野
浦和ルーテル学院※	川越東	城西大学付属川越※	武南※
秋草学園	慶應義塾志木	正智深谷	星野※
浦和明の星女子※	国際学院※	昌平※	細田学園※
浦和学院	埼玉栄※	城北埼玉※	本庄第一※
浦和実業学園※	埼玉平成※	西武学園文理※	本庄東※
浦和麗明	栄北	西武台※	武蔵越生
叡明	栄東※	聖望学園※	武蔵野音楽大学附属
大川学園	狭山ヶ丘※	東京成徳大学深谷※	武蔵野星城
大妻嵐山※	志学会	東京農業大学第三※	山村学園
大宮開成※	自由の森学園※	東邦音楽大学附属東邦第二	山村国際
開智※	秀明※	獨協埼玉※	立教新座※
開智未来※	秀明英光	花咲徳栄	早稲田大学本庄高等学院

埼玉県の私立高校をめざすあなたへ

普通科と通信制をご紹介したガイドブックをお送りします

埼玉以外の都県から埼玉の私立高校を受験・進学しようとしているあなたに最適な情報です！
埼玉県私立中学高等学校協会が総力をあげて編集した私立高校ご紹介ガイドブックを

先着50名様にお送りします！

埼玉県内の中学３年生全員には、６月中に各中学校から配付されています。

埼玉県外中学生向け

お申し込み順に
お送りいたします

未来をみつける学校さがし
埼玉の私立高校
ガイドブック2024
中学3年生用
埼玉の私立高校を知ろう
私立高校の学校生活をのぞいてみよう
埼玉の私立高校生には開かれている未来がある
私立だって大丈夫！
補助金は全国トップレベル
発行　一般社団法人 埼玉県私立中学高等学校協会　TEL.048-863-2110
後援　埼玉県中学校長会　埼玉県私立小学校中学校高等学校保護者会連合会

『埼玉の私立高校ガイドブック2024』
〈発行〉一般社団法人 埼玉県私立中学高等学校協会
B5判 136ページ オールカラー

**送料
370円分の切手が
必要です**

【お申込み方法】 お住まいの郵便番号、ご住所、お名前、電話番号、中学校名、学年を明記して、370円分の切手を同封した封書で下記あてにお送りください（お１人１冊に限ります）。※**先着50名様**まで（なくなり次第終了） 個人情報はガイドブック送付にのみ使用させていただきます。

【あてさき】 〒101-0047 東京都千代田区内神田2-4-2 グローバルビル3F　グローバル教育出版 「埼玉私立高校ガイド係」

【協力】一般社団法人 埼玉県私立中学高等学校協会

ちょっと得する

読むサプリメント

ここからは、勉強に疲れた脳に、ちょっとひと休みしてもらうサプリメントのページです。
ですから、勉強の合間にリラックスして読んでほしい。
このページの内容が頭の片隅に残っていれば、もしかすると時事問題や、
数学・理科の考え方のヒントになるかもしれません。

耳より
ツブより
情報とどきたて

同じホームなのに列車の到着表示が違うのはなぜ!?

隣りあう京浜東北線と山手線で表示方法が違うJR神田駅（東京都千代田区、撮影/本誌）

「発車時刻表示」と「〇分後 到着表示」

まず、上の写真を見てください。東京都、JR神田駅で撮影したものです。

JRの山手線と京浜東北線は、品川駅―田端駅間で並走しています。この間の駅では、同じホームの東西に両線が乗り入れて競うように走っています。

さて、写真で気づいてほしいのは、左側（ホーム西側）の京浜東北線と、右側（ホーム東側）の山手線とでは、次の列車が「いつ来るのか」を知らせる電光掲示の方法が違っていることです。

次の列車が「いつ来るのか」の表示器は「発車標」と呼ばれ、いまではLED（発光ダイオード）や、より見やすいLCD（液晶ディスプレイ）で明るく示され、遠くからでも視認できて便利です。

しかし、この並走区間では、山手線では次の列車が到着するまでの時間を「約〇分後」という表示、京浜東北線では「〇時〇分」に来ることがわかる「発車時刻表示」で示されていて異なっています。

初めてこのホームに立った人のなかには、「あれっ」「なぜ？」と違和感を覚える人もいるのではないでしょうか。

JR東日本の各駅では、従来から「発車時刻表示」を続けてきました。しかし、2020年夏までに山手線だけが「約〇分後 到着」という表示に切り替わったのです。

それはなぜなのでしょうか。環状線である山手線各駅には、ひっきりなしに列車が到着します。とくに平日は約３分～４分間隔で運行されているのです。これだけの高頻度運行となると、乗客は「山手線はいつでも乗れるから」と、発車時刻をあまり気にすることはなく、「発車時刻」を確認する意味が薄れていた、といいます。

また、社会の変化もあります。スマートフォンの普及で腕時計をする人が少なくなっています。さらにJR東日本の各駅では、正確なときを刻んでいた電気時計の撤去が進んでいます。

スマートフォンを取り出したり、駅の時計を探して、現在時刻を確認するよりも、山手線では「あと〇分」の表示が出ていた方が便利、というわけです。

しかし、その山手線でも列車間隔があく早朝、深夜帯では、従来からの「発車時刻表示」が採用されています。

「〇分後 到着表示」が一般的な例も

ただ、どちらがよい、とは一概にはいえません。

海外の地下鉄ホームなどでは、列車が来るまでの残り時間を「あと〇分」と表示するのが一般的で、なかには秒単位の案内も見られます。

国内でも、地下鉄の東京メトロでは、頻繁に運行されている銀座線のホームには「あと〇分」と表示する発車標を導入しています。

鉄道はダイヤが精密に決められている乗りものです。とくに日本では、時間通りに運行されていることが「普通」だという印象が強く、その「普通」が日々求められています。

その意味では、発車時刻をきちんとわかりやすく表示することにも意義があります。ですから、ほかの路線に、山手線の「〇分後 到着表示」が広がっていくことはなさそうです。

The most
Advanced
Sciences
Navigation
032

マナビー先生の
最先端科学ナビ

FILE No.032

人工光合成

植物の営みをヒントに作られるクリーンエネルギー

「光合成」については理科の授業で勉強したよね。

　太陽の光と水と大気中の二酸化炭素を使って、植物がでんぷんを作り、酸素を放出する仕組みをいったものだったよね。太古の昔、光合成が始まったことで地球上に酸素が生まれ、色々な生物が暮らせる環境ができたんだ。

　光合成自体は、一般によく知られてはいるけれど、植物がどのようにして光合成を行っているのか、その細かい部分の原理については、いまだにわかっていないことが多いんだ。でも、近年の研究で少しずつわかってきたことがある。

　わかったことが多くなって、新たな技術も生まれている。いま注目が集まっているのは、植物が行っている光合成を、人工的に行うことができないかという研究だ。これを「人工光合成」というよ。

　でも、現在の人工光合成は、太陽光と水と二酸化炭素から、植物と同じように酸素とデンプンを取り出すことが目的ではなく、水、太陽光、二酸化炭素と触媒を使って、水素や水素を含んだ物質、また、それ以外の化学物質までを作り出すことがメインの研究になっている。

　そんな人工光合成だけど、世界の色々な研究機関が熱心に開発を進めている。それはなぜなんだろう。

　SDGs（持続可能な開発目標）で重要な課題の1つが、化石燃料を燃やすと発生する二酸化炭素を減らすことだ。二酸化炭素の放出をできるだけ少なくすることが、例えば異常な気候変動を抑えることにつながっていく。

　それだけではなく人工的に光合成ができれば、当然、二酸化炭素を使用し、その過程での発見や、できあがる生成物が、様々なことに利用できると考えられているんだ。

二酸化炭素を大気中に放出しないようにすることも大切だけれど、大気中にすでにある二酸化炭素を使うことも、大気中の二酸化炭素を減らすことと同等の価値がある。

　人工的に光合成を行えれば、二酸化炭素を使うことになるから貢献できるというわけだ。

　光合成を行わせるためのエネルギーも、クリーンな太陽光だから、これもSDGsにつながる。大気中に豊富にある二酸化炭素を資源として使うことができるのだから、まさに夢の研究なんだね。

植物のマネをしながらもそれを超える結果がみえる

　植物が行っている本来の光合成の仕組みでは、冒頭述べたようにでんぷんと酸素を作り出しているんだけ

マナビー先生

大学を卒業後、海外で研究者として働いていたが、和食が恋しくなり帰国。しかし科学に関する本を読んでいると食事をすることすら忘れてしまうという、自他ともに認める“科学オタク”。

れど、人工光合成では、前述した通り、太陽光のエネルギーと二酸化炭素や水、触媒などを使って水素や化学物質を作り出すことを目的にしている。

　その際の課題として、光合成を行わせるための触媒の発見、二酸化炭素を効率的に取り出したり、逆に吸収したりさせる仕組みの開発、実験室レベルを超えて大容量の光合成を行わせるためのシステム開発などがある。さらに解決すべき問題として、生成物の安定的な保管も大きな宿題となっている。

　現在、日本国内では新エネルギー・産業技術総合開発機構（ＮＥＤＯ）、理化学研究所、東京大学大気海洋研究所などで研究が行われている。さらに企業としてもトヨタ自動車、住友化学、三菱ケミカル、パナソニックなど多くの企業で研究、開発が進められている。

　各研究所、企業ではそれぞれの特徴を活かした研究開発が進められている。

　基礎科学の研究を通して光合成自体の研究を続けている研究所、人工光合成に欠かすことのできない触媒の研究を行っているところ、太陽光を効率的に取り込むための装置などを研究しているところもある。

水素を生成する研究から生まれた救世主

作り出した「ギ酸」から なんと電力が取り出せた

みなさんもよく知っているトヨタ自動車でも、二酸化炭素の削減と利用という観点で研究を始めたという。

　人工光合成で得られるはずの水素の燃料利用も重要な目的の1つとなっていて、当初は太陽光を利用して水分解による水素生成をおもな目的にしていたんだ。水素自動車の燃料として利用したかったのだろう。

　ところがトヨタ自動車は、その研究のなかで、「ギ酸」を人工光合成で生成する装置にたどり着いた。

「ギ酸」は漢字で書くと蟻酸。アリやハチが毒腺として作り出す有機酸として知られている。

　じつはこの「ギ酸」、酸素と化学反応させれば電力を生み出すことができる優れモノ。まさに救世主だったんだ。

　トヨタ自動車の研究所が開発した装置では、太陽光エネルギーで二酸化炭素と水から、有機酸の一種「ギ酸」を生成することができる。

「ギ酸」から得られる電力は、効率的には、いま10%の効率までに上がっているそうだ。

　例えば太陽光発電の効率は20%を超えるレベルにまで到達していることを考えると、効率だけでは太陽電池の方がよいように思えるかもしれないね。でも太陽光では昼間にしか発電ができないし、電気はためておくことが難しいという短所がある。

　トヨタ自動車が、人工光合成に取り組んだスタートでは水素に目がいっていた。

　水素は、燃焼しても水（水蒸気）にしかならないから、環境破壊につながる化石燃料に対し、じつにクリーンな燃料だったんだ。しかし、水素の欠点は、コンパクトに貯蔵したり輸送したりすることが非常に難しいことだった。水素は常温では気体で、そのままでは石油（ガソリン）の場合よりずっと大きな燃料タンクが必要になるから自動車などには適さない。水素も液体にすればコンパクトにはなるけれど、水素の沸点はマイナス２５３度なので、冷やすのに大きなエネルギーが必要になる。

　そこで「ギ酸」という化学物質として保管した方が、十分に実用的だというのがトヨタ自動車の考えだ。

　世界中の研究者が人工光合成の効率を上げる方法を研究している。

　太陽光を使わず、ＬＥＤ光などの可視光や波長の違う光源のエネルギー利用も研究されている。

　人工光合成は、長らく化学分野における夢の技術とされてきたが、ついに社会に入り込めるところまでやってきた。現実の社会で利用できる大規模な装置の研究も続けられている。２０３０年代に入れば、人工光合成が実用化された場面に出会うことも夢ではなさそうだ。人工光合成で二酸化炭素が少しでも減り、便利な社会になることが楽しみだね。

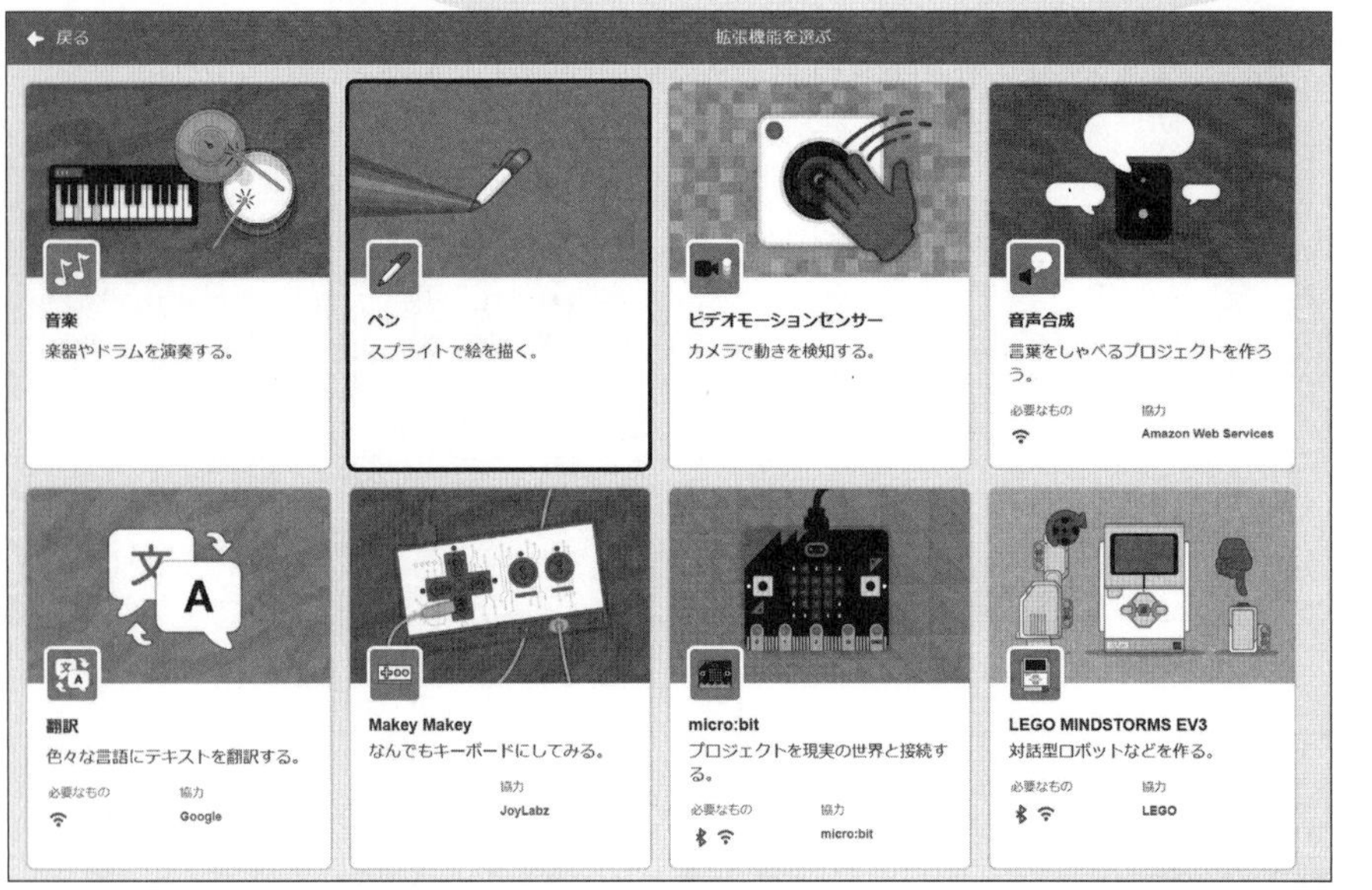

【図16】ペンを有効にする

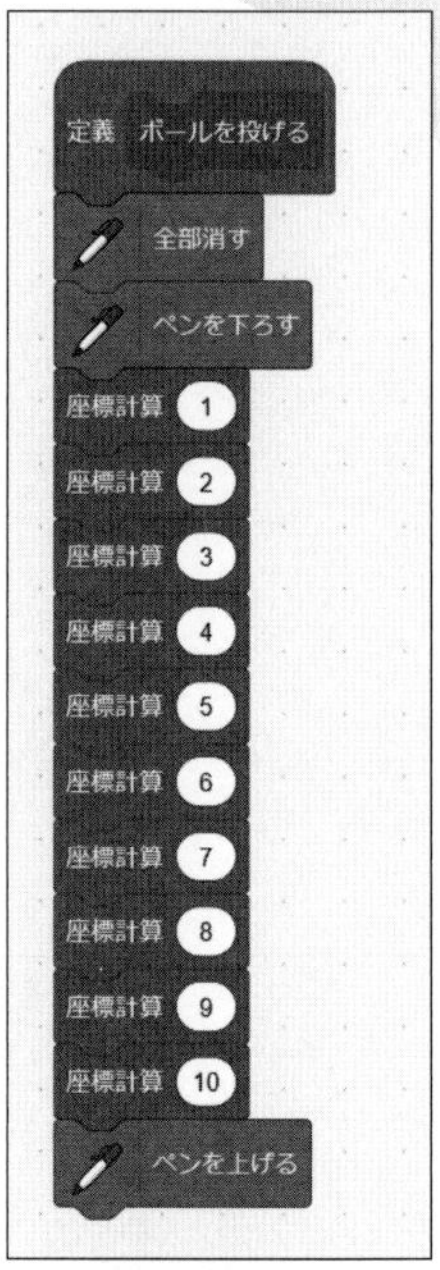

【図17】ペンを使って軌跡を表示する

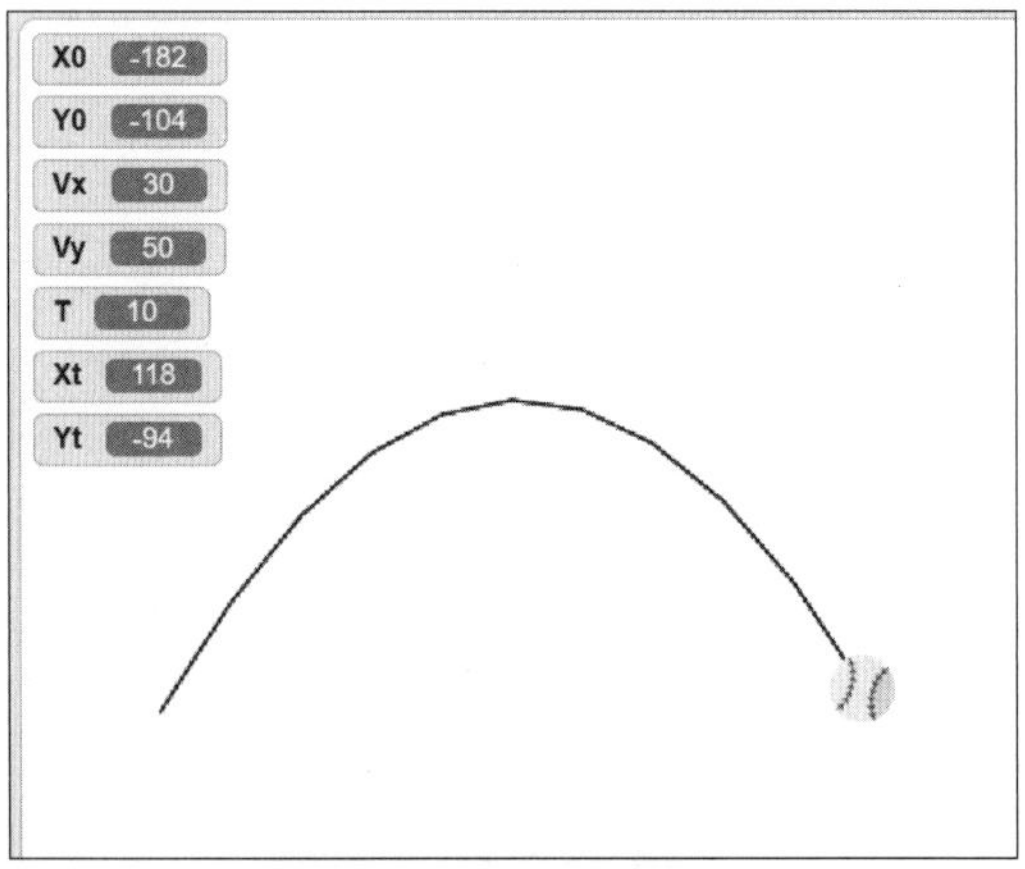

【図18】ペンを使った軌跡の表示

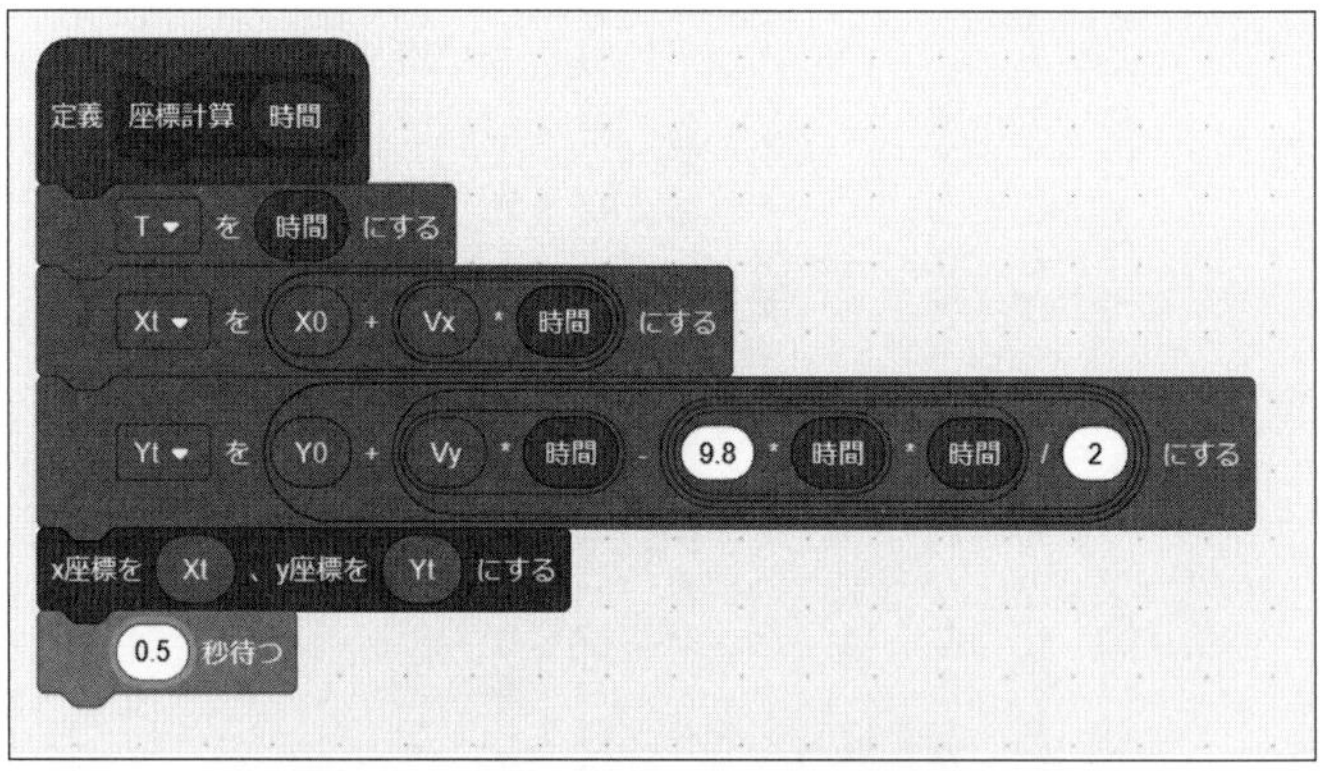

【図19】表示毎に0.5秒待って動きを確認するようにする

クリックすると画面の変数の値が変わるのがわかるよね。

ラム：変なところにボールがある。計算が間違っているのかな？**【図13・14】**

らくらく先生：結果が正しいのかわかりにくいね。拡張機能を使ってボールの軌跡がわかるようにしてみよう。拡張機能のペンを有効にするとボールの動きを残すことができる**【図15・16・17・18】**。

ラム：軌跡が描かれるようになるとなんか嬉しいですね。

ログ：順次構造を繰り返し構造に変えて書いてみました。まだ判断ができていませんが、いい感じです**【図19・20】**。

ラム：ログさん、すごいわ。あとは当たったり、枠外に行ったときに繰り返しをやめることができればいいのね。

らくらく先生：すばらしいよ。今回はここまでにしておこう。

今回のプログラムは以下のリンクで見ることができます。
https://scratch.mit.edu/projects/866884617/

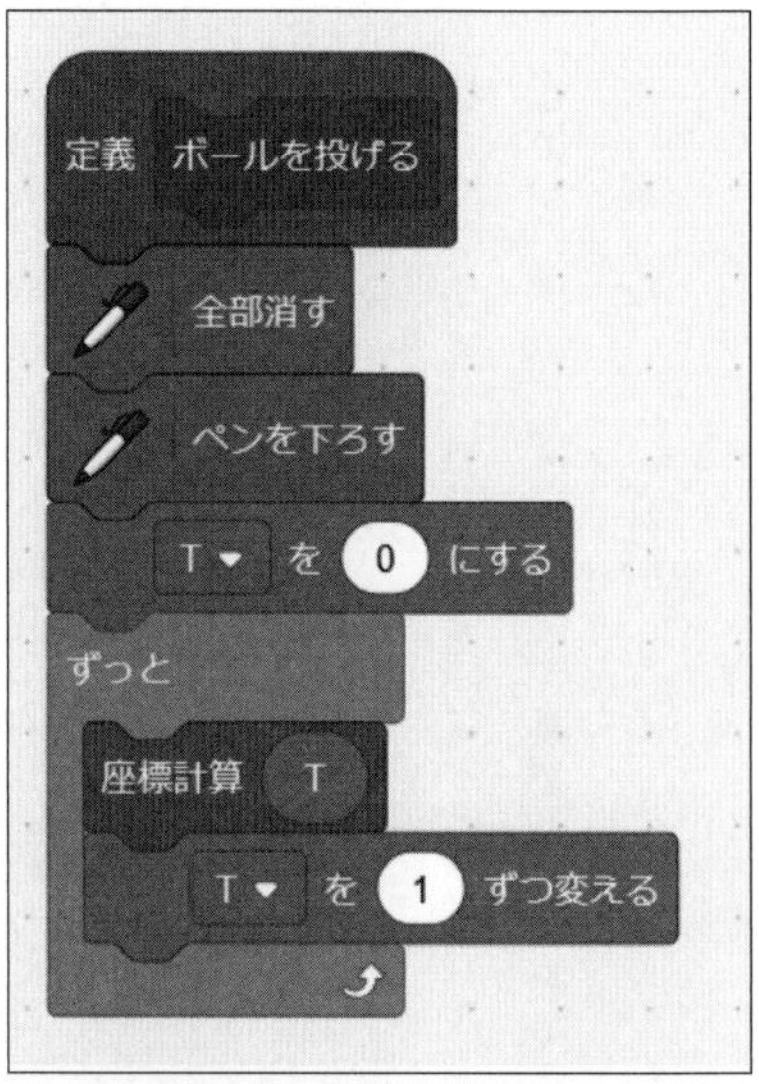

【図20】繰り返しで無限ループを書いてみた

このページは81ページから読んでください。

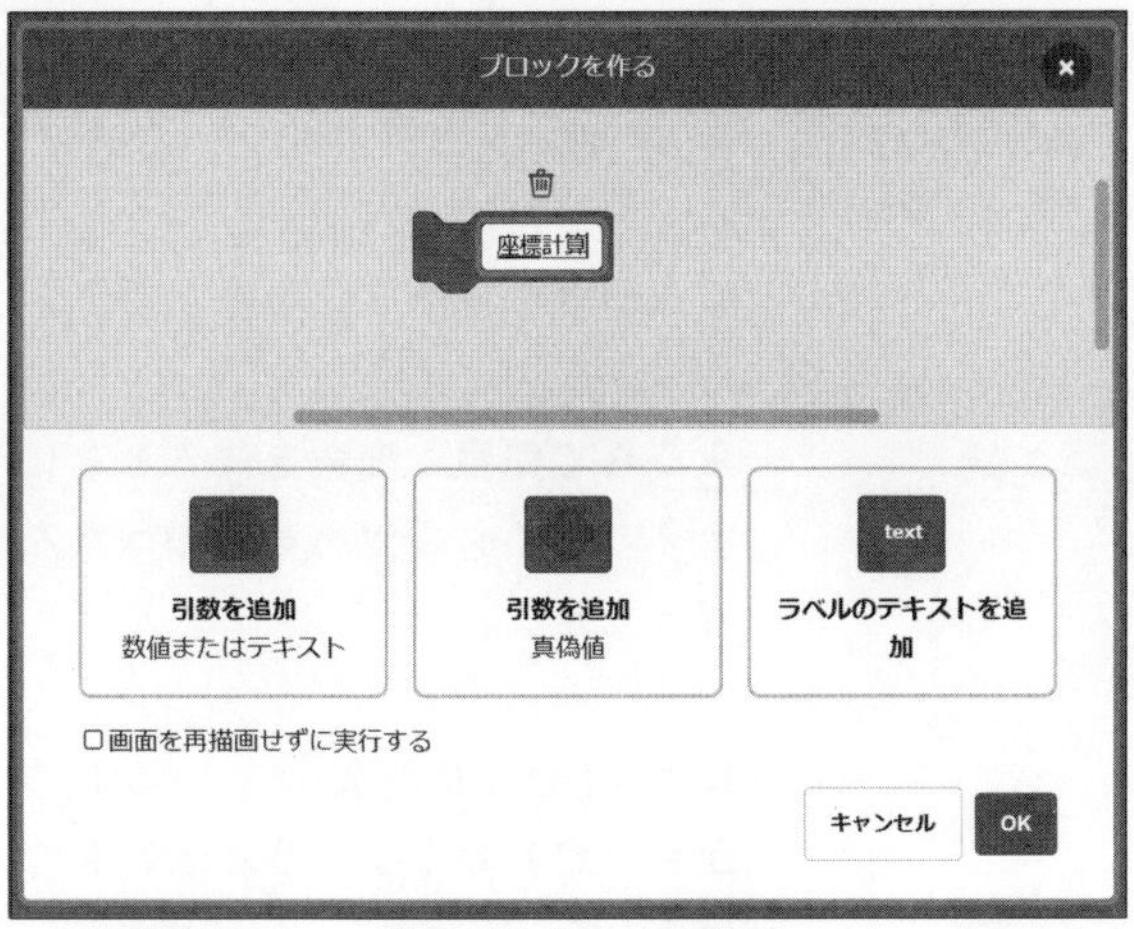

【図10】ブロック名定義

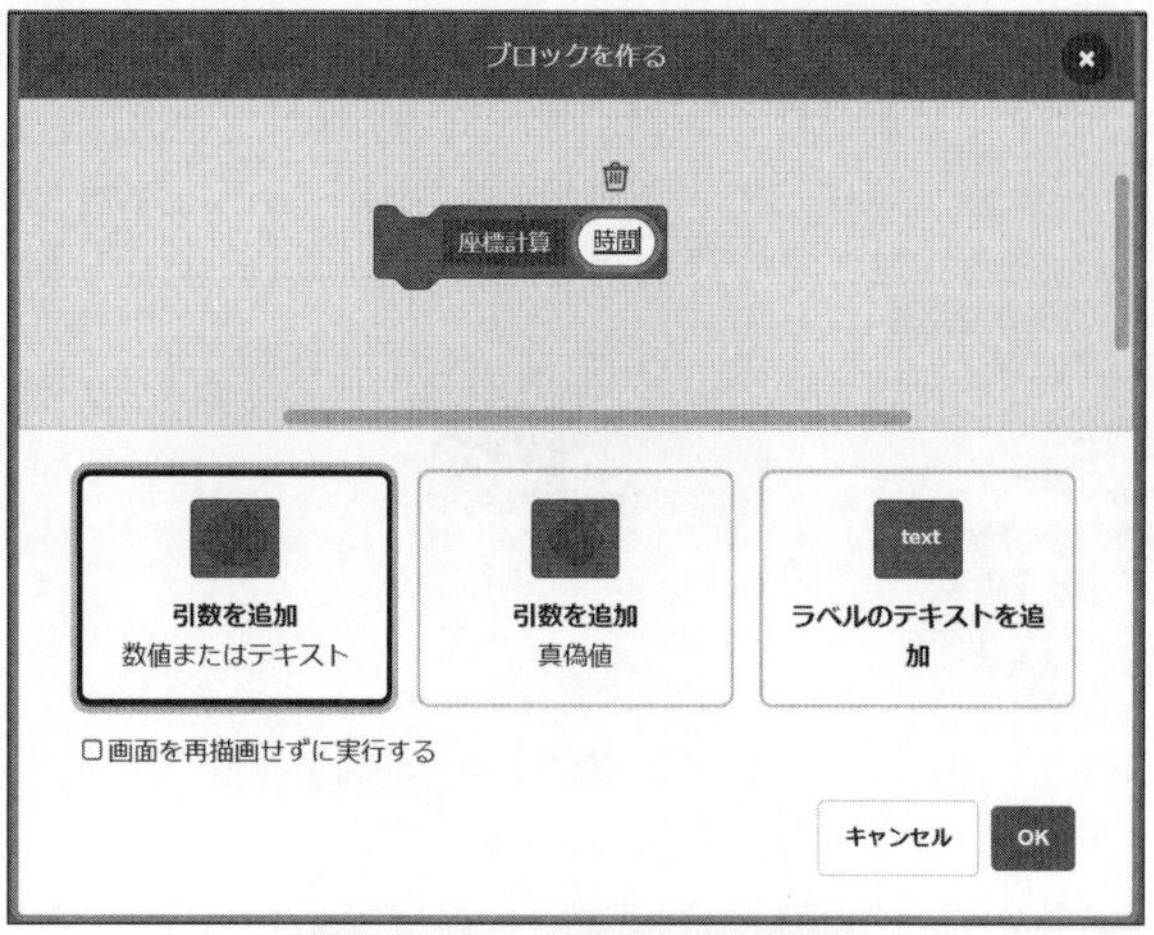

【図11】ブロックに渡す変数名定義

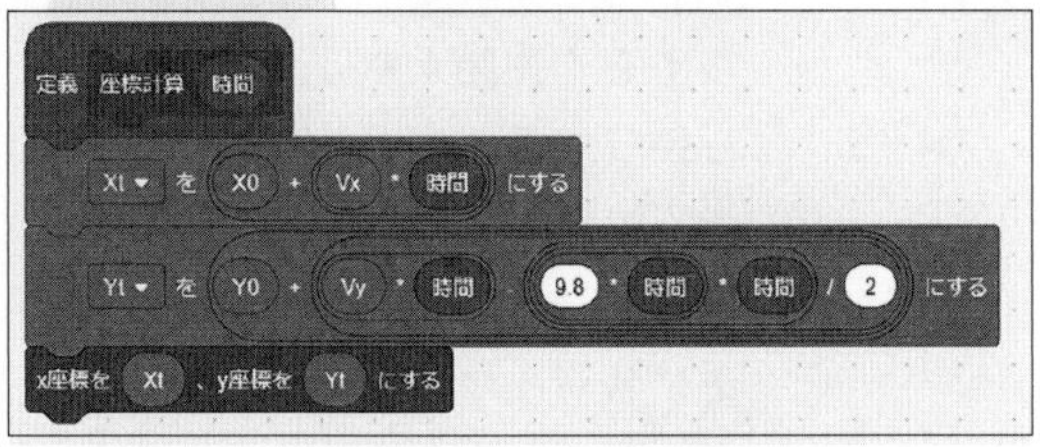

【図12】ブロック内のプログラム

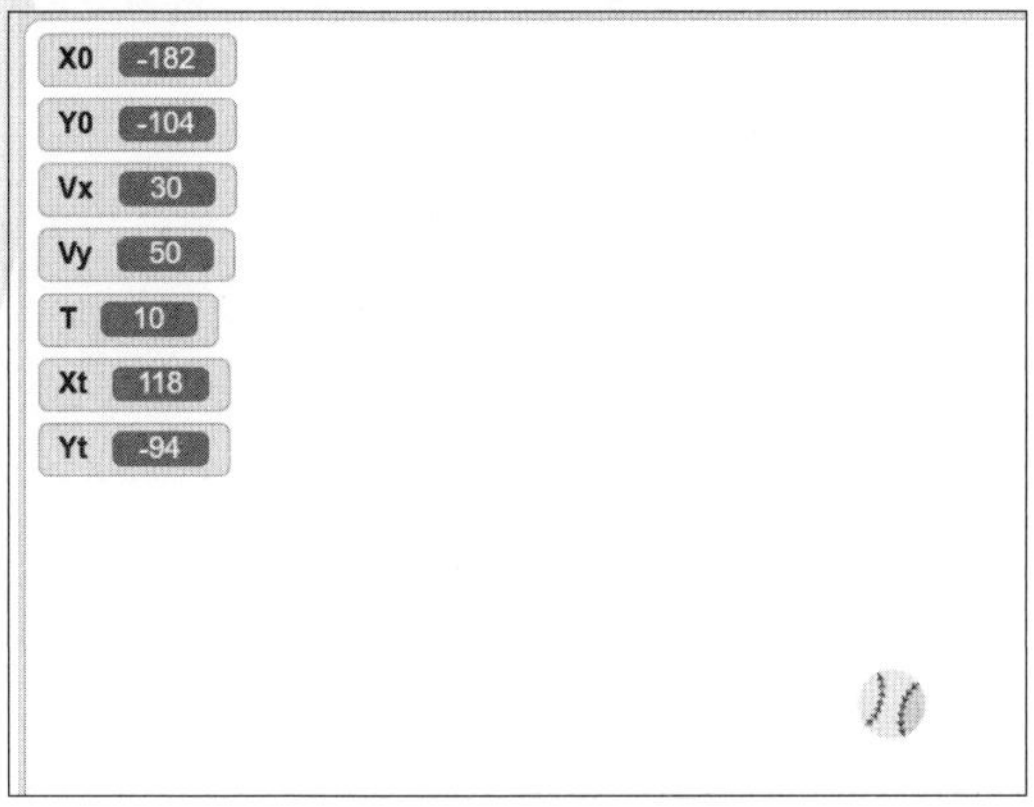

【図14】実行後の変数の値

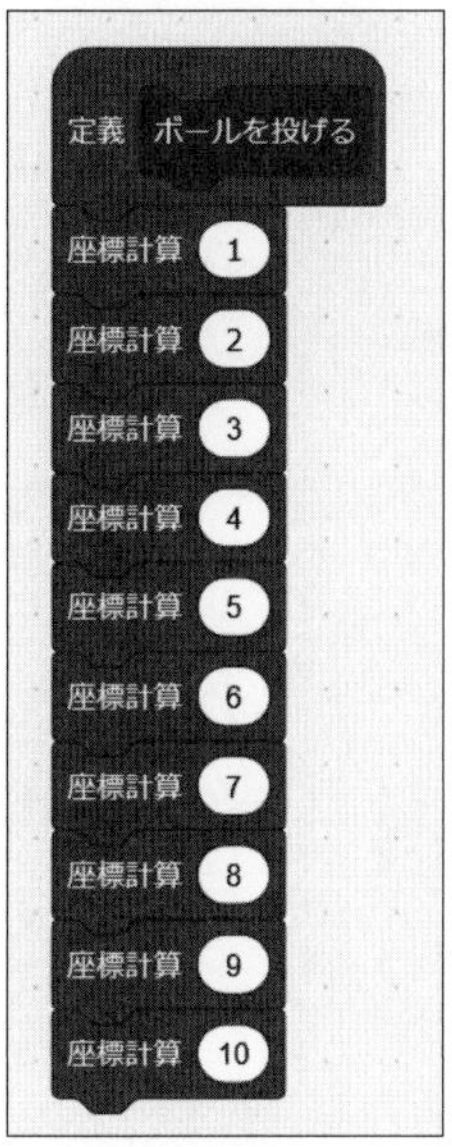

【図13】順次構造を使った例

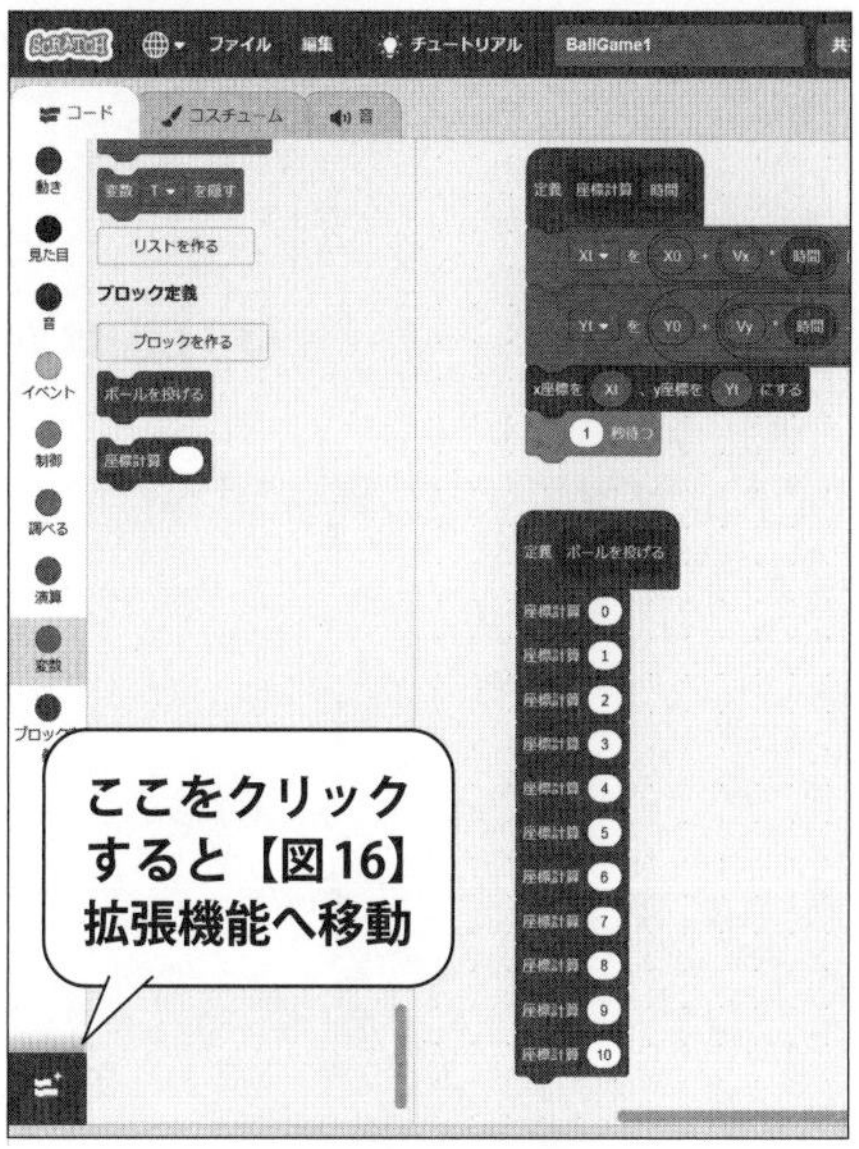

【図15】拡張機能を使う

ラム：このブロックのなかで、X,Yそれぞれの位置を計算すればいいのですね。

らくらく先生：先ほどの式をここで使って時間ごとの位置を計算してみよう**【図12】**。

ログ：これで指定した時刻の位置が計算できたので、この値を画面に渡してしまえばいいのですね。

ラム：これって本当は繰り返しで的に当たるまでとか、画面をはみ出すまでとかすればいいのですよね。反復を使うことはなんとなくわかるのですが、実際にはどうしたらよいのでしょうか。

らくらく先生：繰り返しが使えないときはどうすればよかったかな？

ログ：順次構造で作ってみるといいのではないですか？

らくらく先生：そうだったよね。仮に1秒から10秒までのプログラムを考えてみよう。「ボールを投げる」というブロックを作って試すよ**【図13】**。座標計算のブロックのなかに実際の座標の設定も入れてしまっておこう。名前以上の機能を含んでしまうのはあまりよくないけれど、これぐらいは許されるかな。ここまでできたので緑の旗を押したときにVxとVyの初期値を決めてうまく動くか確認してみよう。それぞれ30, 50にして実行してみよう。まずは緑の旗を押してから、作った「ボールを投げる」ブロックをクリックしてみよう。緑のマークを

【図7】ボールを縮小する

変数名	機能	
Vx	ボールX方向の初速	
Vy	ボールY方向の初速	
X0	ボールの初期位置（X）	
Y0	ボールの初期位置（Y）	
t	ボールを投げてからの時間	

【表1】作成する変数

【図8】変数の定義

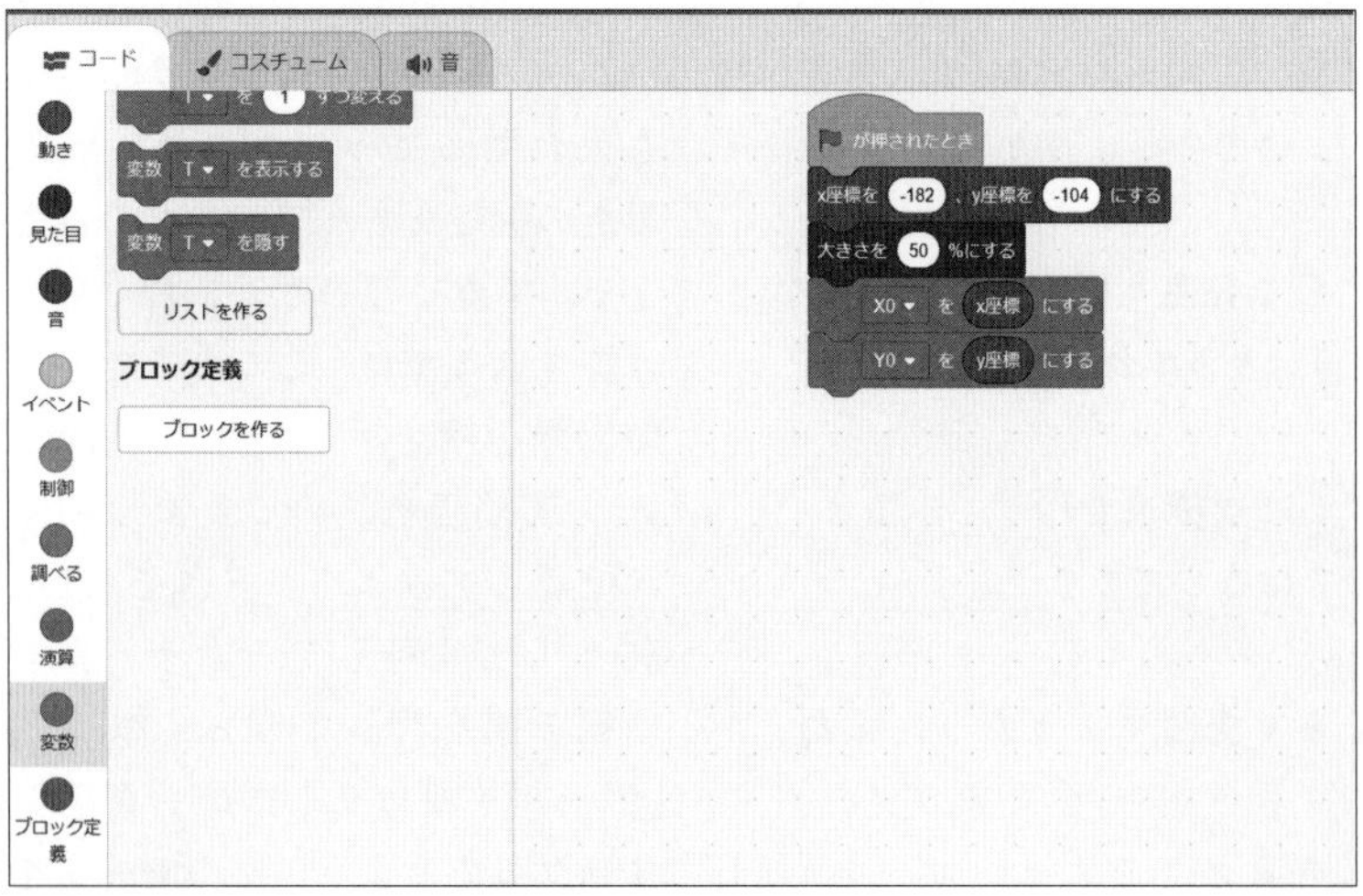

【図9】ブロックの定義

の定義」という機能を使ってみようか【図9】。

ラム：ブロックってなんですか？

らくらく先生：変数を作るときに考えておく必要があるものはなんだったかな。

ログ：「なかに記録しているものがしっかりわかるような名前をつける」でしたよね。

らくらく先生：そうだね。いまから使ってみるブロックは、プログラムの塊のことだよ。プログラムを読んでどんなことをするのかを、名前をつけることで表すことができる。また同じことを別のプログラムのなかで使うこともできるんだ。

ラム：具体的に教えてください。

ログ：いまはXの座標を求めたり、Yの座標を求めたりしているので、「座標計算」なんて名前をつけてしまえばいいのではないですか？

らくらく先生：そうだね、内容を知らなくても「座標計算」と書いてあればきっとなんらかの座標を計算しているんだなとわかるし、内容を書く前にトップダウンでプログラムを作ることができるよ。ログさんの提案に従って名前をつけてみよう。

「ブロックを作る」を選択して「座標計算」という名前のブロックを作る。ブロックに必要な変数がある場合はその変数を渡すこともできるんだ。今回は時間を渡してみよう【図10・11】。

77ページ本文につづく➡

このページは81ページから読んでください。

ネコを消してボールのスプライトを選ぼう。Scratchにはあらかじめネコのように用意されているものがある。それをスプライトと呼ぶんだよ。「スプライトを選ぶ」からボールを選ぼう**【図3・4】**。ボールの初期位置を左下の隅に移動しよう**【図5】**。

ここまでできたら緑の旗を押したとき（実行）のプログラムを作っておこう。移動したときに毎回元に戻すのは面倒なので、いまの位置を設定しておこう。いまの位置を見てみると負の値になっているので、画面の中心が（0,0）になっていそうだとわかるね**【図6】**。

ちょっとボールが大きいので、拡大縮小のコードを使って大きさを変えておこう。貼りつけただけでは小さくならないので緑の旗をクリックしよう**【図7】**。

ここまではついてきているかな。

設定方法などを忘れた人は前回までの資料がWeb上にあるのでその資料を見てね。

ラム：大丈夫です！

らくらく先生：いくつかいまから使う変数を作っておこう**【表1・図8】**。

表示は最終的には消すけれど、プログラムの作成途中では表示している方がわかりやすいと思うよ。

ラム：これで一応の準備ができたのですね。

ログ：早くボールを動かしてみたい。

らくらく先生：ボールの動きは、最終的には繰り返し構造で動かすんだ。

その前に今回初めて「ブロック

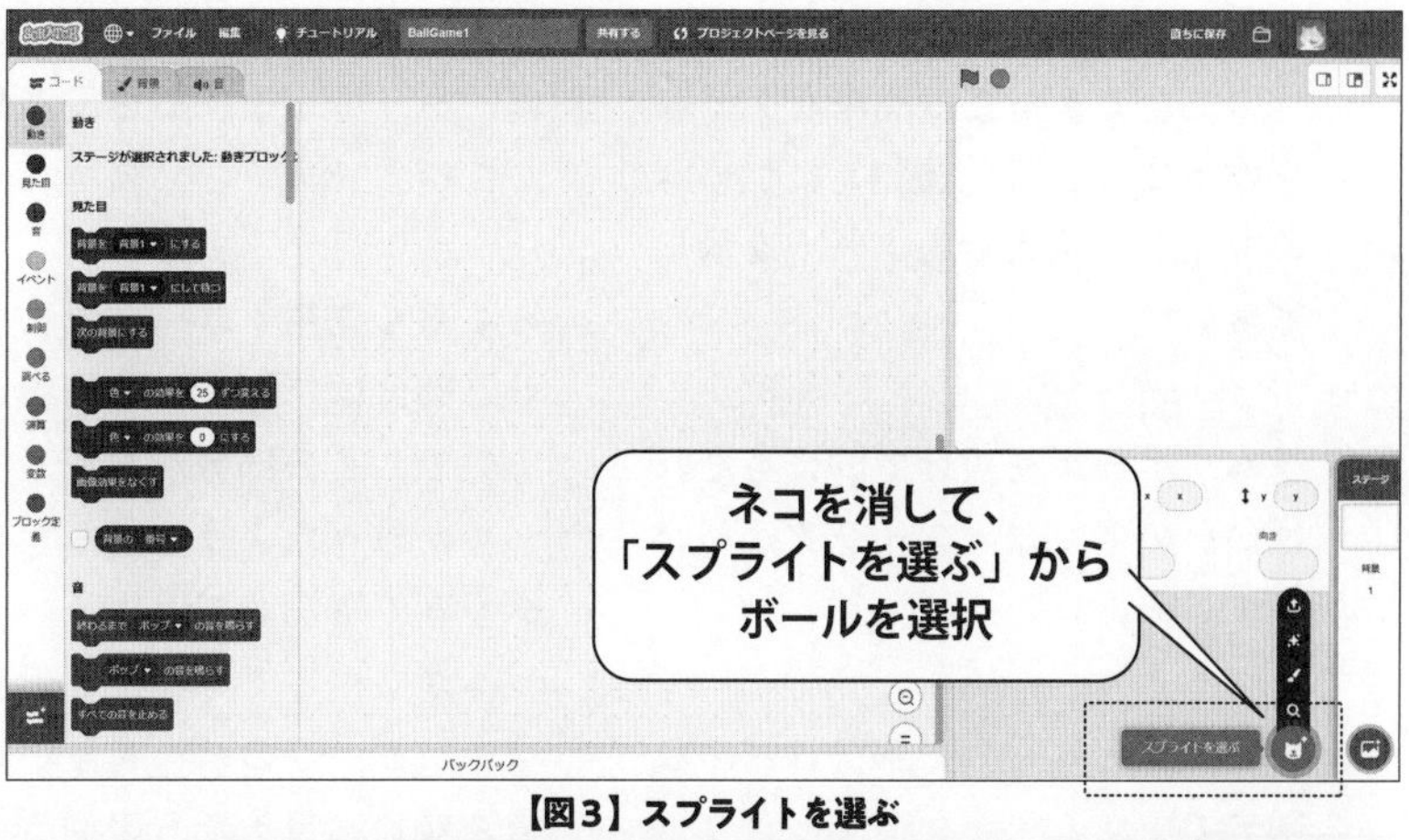

【図3】スプライトを選ぶ

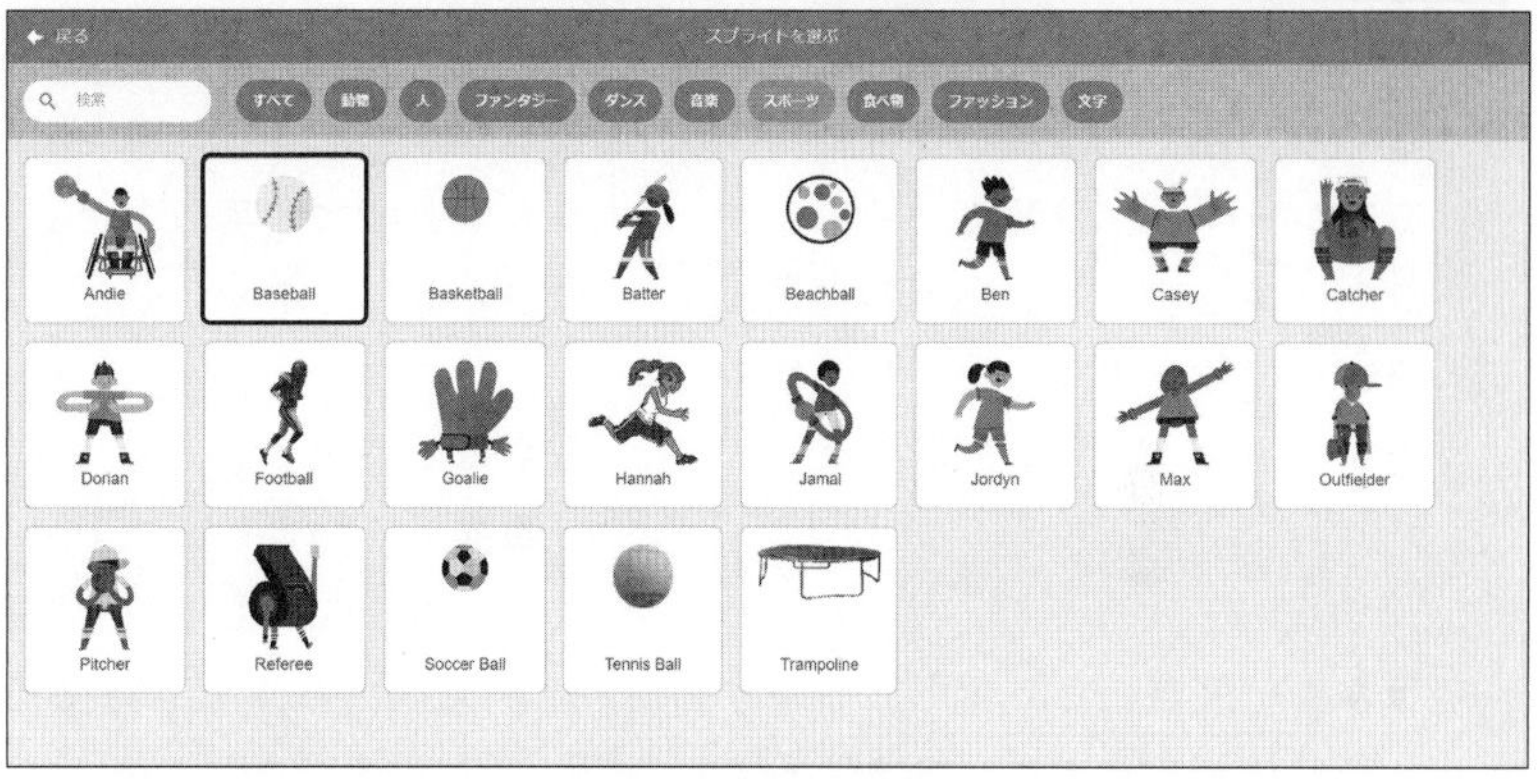

【図4】Baseballを選ぶ

【図5】ボールの初期位置

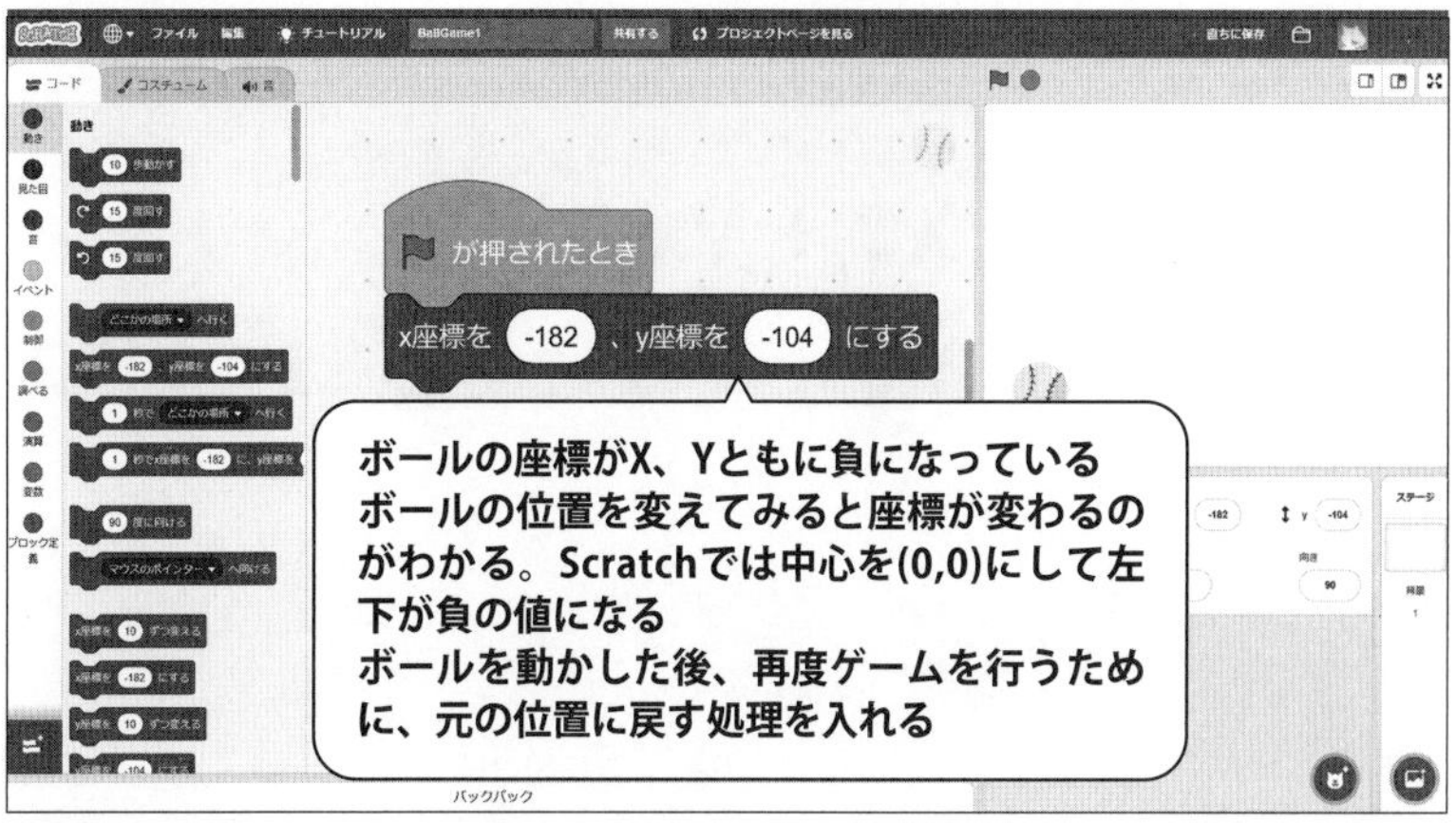

【図6】緑の旗が押された時の処理

ログラム、ゲームはできないと思うので、できるだけ簡単なゲームを作ってみよう。**【図1】**にゲームのアイデアを書いたノートを示しておくね。

ラム：ボールを投げて的に当たればいいのですね。アイデアはわかりました。

ログ：ゲームらしい部分はどんな部分ですか。

らくらく先生：投げる速度と方向をプレーヤーが決めて、その条件でボールを投げる。ボールは飛んでいって落下する。上手に速度や角度を決めると当たりになるんだ。

ラム：一度当たると同じことをすればいいのではないですか。それだとゲーム性があまりないような。

ログ：そうだね。当たったら別の位置に的が移動するっていうのはどう？

らくらく先生：作っているうちに色々アイデアが浮かんでくると思うよ。まずは、プレーヤーに設定させる部分を省いて作っていこう。

ログ：プレーヤーが決めるところは、ボールを投げる速度と角度でしたね。

らくらく先生：ユーザーに決めさせる部分はプログラムが複雑になるので、その部分をなくして、ボールが思ったように飛ぶかをプログラムで確認してみよう。プログラムがすべてできないと確認できない、というのはあまりいいとは言えない。自分たちのやる気をなくしてしまうからね。

ラム：速度と角度はどういうふうに決めるのですか？

らくらく先生：君たちはまだ学校で勉強していないかもしれないけれど、ボールの動きは物理法則で決まっているんだよ（空気抵抗、風や湿度などは考えないとする）。横方向は初速をVxとし、最初の位置をX0とすると1秒後のボールの位置は

$X1 = X0 + Vx * 1$（＊は掛け算）

同じように2秒後は

$X2 = X0 + Vx * 2$（＊は掛け算）

になるんだ。

ログ：単純に時間に影響されているのですね。

らくらく先生：そうなんだ。縦方向の位置はどうだろうか。

ラム：上にあがっていって、落ちてきます。

ログ：地球には重力があるからね。ニュートンが発見したことだね。

らくらく先生：そう、式は以下のようになるよ。初期位置をY0、縦方向の初速をVyとすると、1秒後は

$Y1 = Y0 + Vy * 1 - g * 1 * 1 / 2$

（/は割り算）

と表せるね。

ラム：横方向と同じような式の後ろに、別の式がありますね。

ログ：後ろにある部分が重力によるものなのですね。

らくらく先生：その通り。いままでの式をまとめると、ある時間tの位置は

$Xt = X0 + Vx * t$

$Yt = Y0 + Vy * t - g * t * t / 2$

だよ。

ラム：この式のなかのgはなんですか。

らくらく先生：いい質問だね。これを重力加速度といって、地球上では9.8という値を使っているよ。このゲームではあまり数値自体は意味がないけれど、例えば、月ではこの値が地球の1/6になっているんだ。**【図2】**にまとめておくよ。アイデアスケッチに書いたような形になって飛んでいくこの軌跡を放物線と呼ぶんだよ。まずはここまでをScratchで作ってみよう。

$$Xt = X0 + Vx * t$$
$$Yt = Y0 + Vy * t - g * t * t / 2$$

【図2】放物線の式

79ページ本文につづく➡

for 中学生
らくらくプログラミング

プログラミングトレーナー　あらき はじめ

第10回

プログラム作りは楽しいって、思えてきましたか。誌面のラムさん、ログくんも、その楽しさがわかってきたそうです。ラムさん、ログくんの疑問に、らくらく先生が答えながら、解説していきますので、みなさんも2人といっしょに楽しみましょう。

解説部分は下のQRコードからWebページに入れば、誌面とリンクした内容で、さらに学びを深めることができます。

URL：https://onl.bz/BD7QpxX

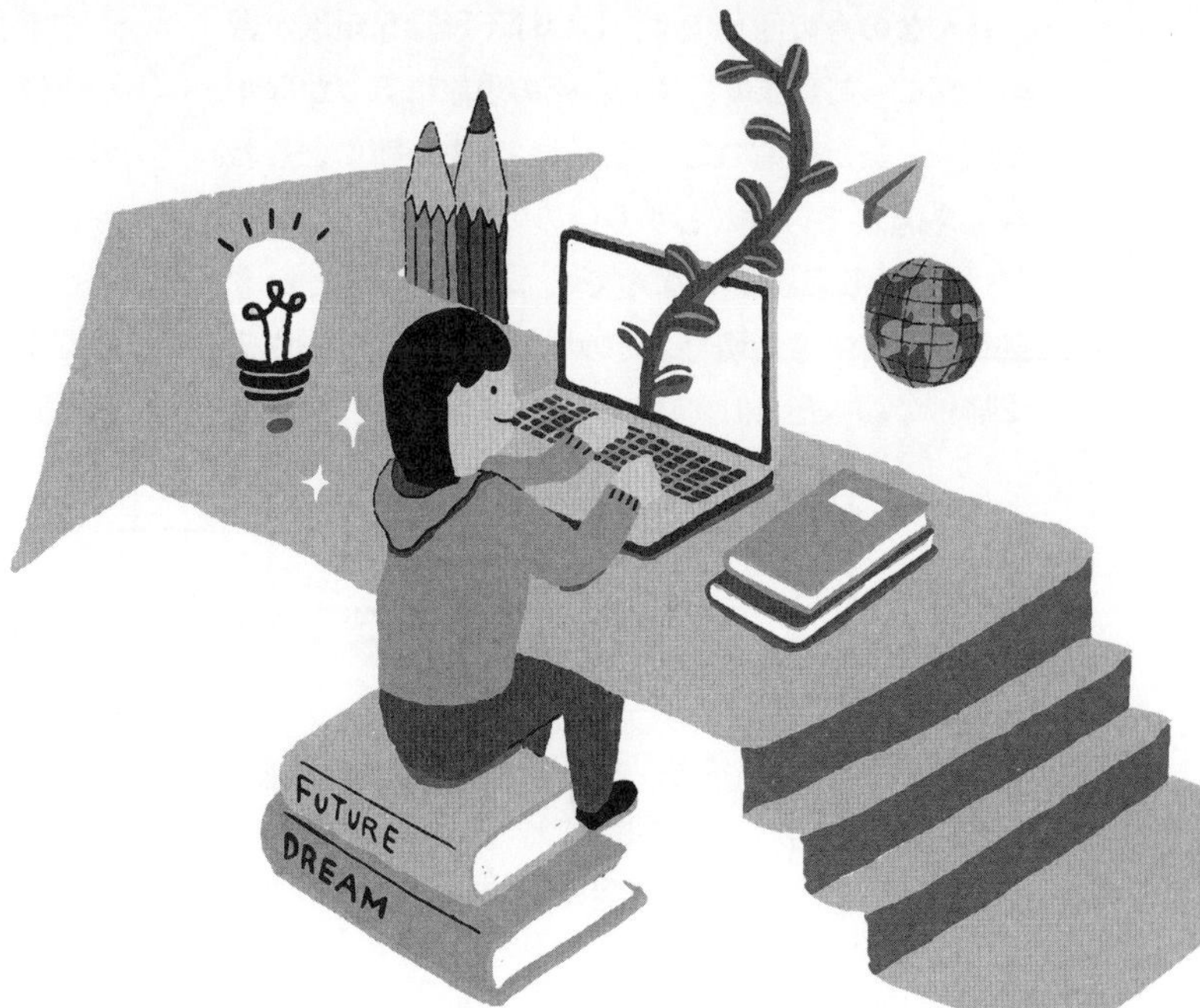

（**あらき はじめ**　昨春まで大学でプログラミングを教えていた先生。「今度は子どもたちにプログラムの楽しさを伝えたい」と、まだまだ元気にこの講座を開設。）

画像：Turn.around.around/ PIXTA

らくらく先生：元気にプログラミングの勉強続けているかな。

ラム：こんにちは。元気にやっています。

ログ：１人で勉強するのは大変ですが、頑張って少しずつ続けています。

らくらく先生：少しずつでもいいので続けることが大事だね。いままではおもにPythonを使ったプログラムを作ってきたね。今回からはゲームのようなものを作ることを始めてみよう。使う言語はScratchだ。前回もScratchを使ったね。絵を使えて、プログラムの動作自体はドラッグアンドドロップで選んで使うようなプログラムだったね。

ラム：Pythonのように言語の細かい部分を覚える必要がないのとネコを動かすことが面白かったです。

ログ：今日はどんなゲームを作るのですか？

らくらく先生：初めから難しいプ

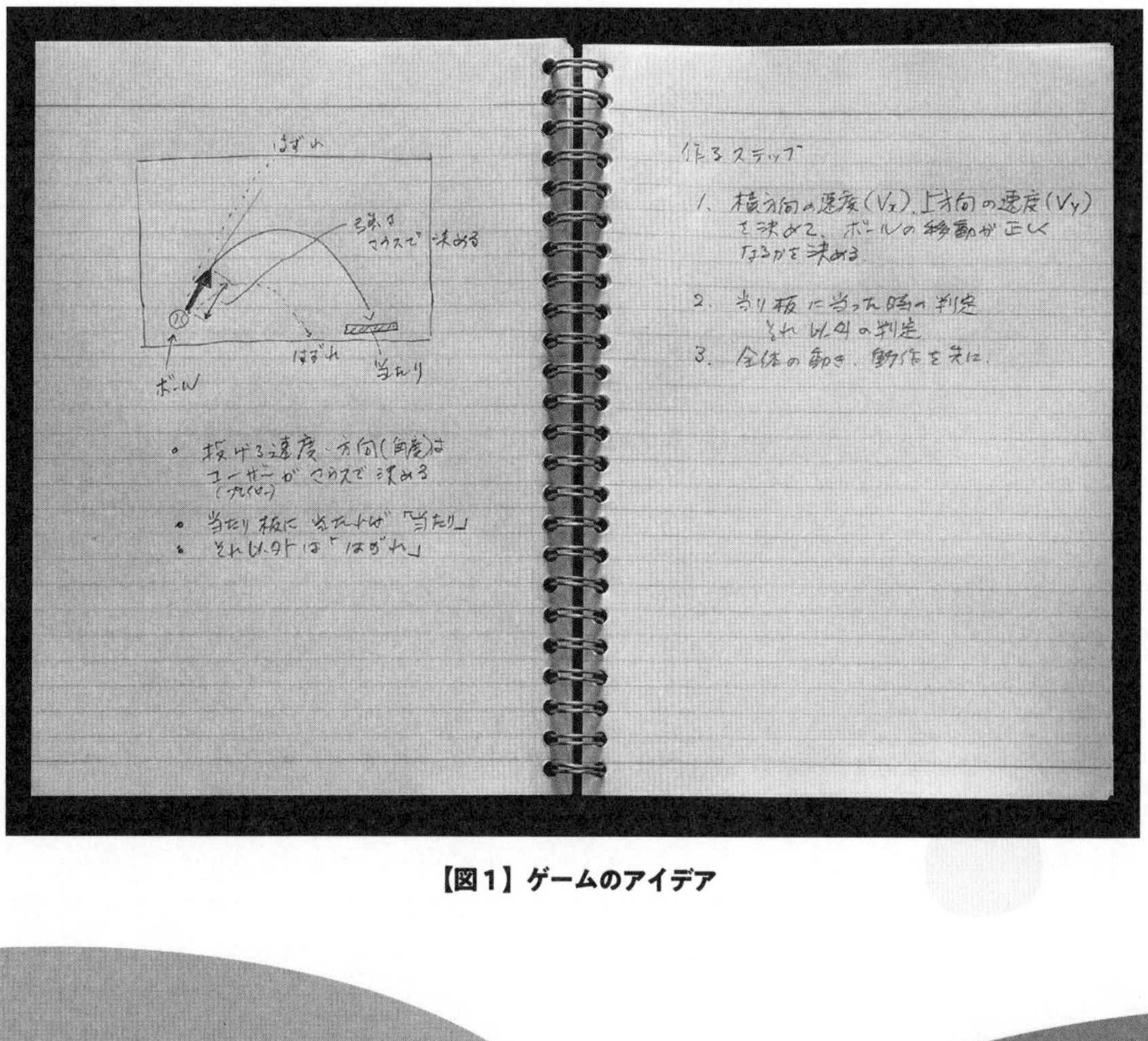

【図1】ゲームのアイデア

Why? What!

なぜなに科学実験室

みんなの身の回りでは、じつは不思議な現象が数多く起こっています。でも、その現象に気づかなかったり、当たり前のことだ、という先入観にとらわれて見逃していることが多いのです。そんなとき、「あれっ、不思議！」「なんでこうなるの？」という気づきがとても大切で、その場で検索したり、ウチに帰って調べたりしてほしいんです。

中学生時代に身の回りに落ちている科学の種を拾い上げたことで、科学者の第一歩を踏み出した研究者はたくさんいます。

この科学実験室は、みなさんが生活のなかで出会う不思議に焦点をあてて、「へぇ～」を体験していただくために開設されました。では、前回に続いて「空気の流れ」の不思議を体験してみましょう。

落っこちないピンポン球２

みなさん、こんにちワン！「なぜなに科学実験室」の案内役で、みなさんに不思議な現象をご紹介するワンコ先生です。

今回は前号（６月号）「落っこちないピンポン球」の続きだよ。前回の最後にペットボトルから切り取ったラッパ状の口２つをつなげて試してみよう、と書いておいたけどやってみた人いるかな？　今回は「落っこちないピンポン球２」として、その実験をやってみるよ。今度はピンポン球はどうなるかな。

ワンコ先生

1 用意するもの

❶ペットボトル（２本）
❷絶縁テープ
❸ピンポン球
❹ドライヤー
❺軍手
❻ハサミ
❼カッター

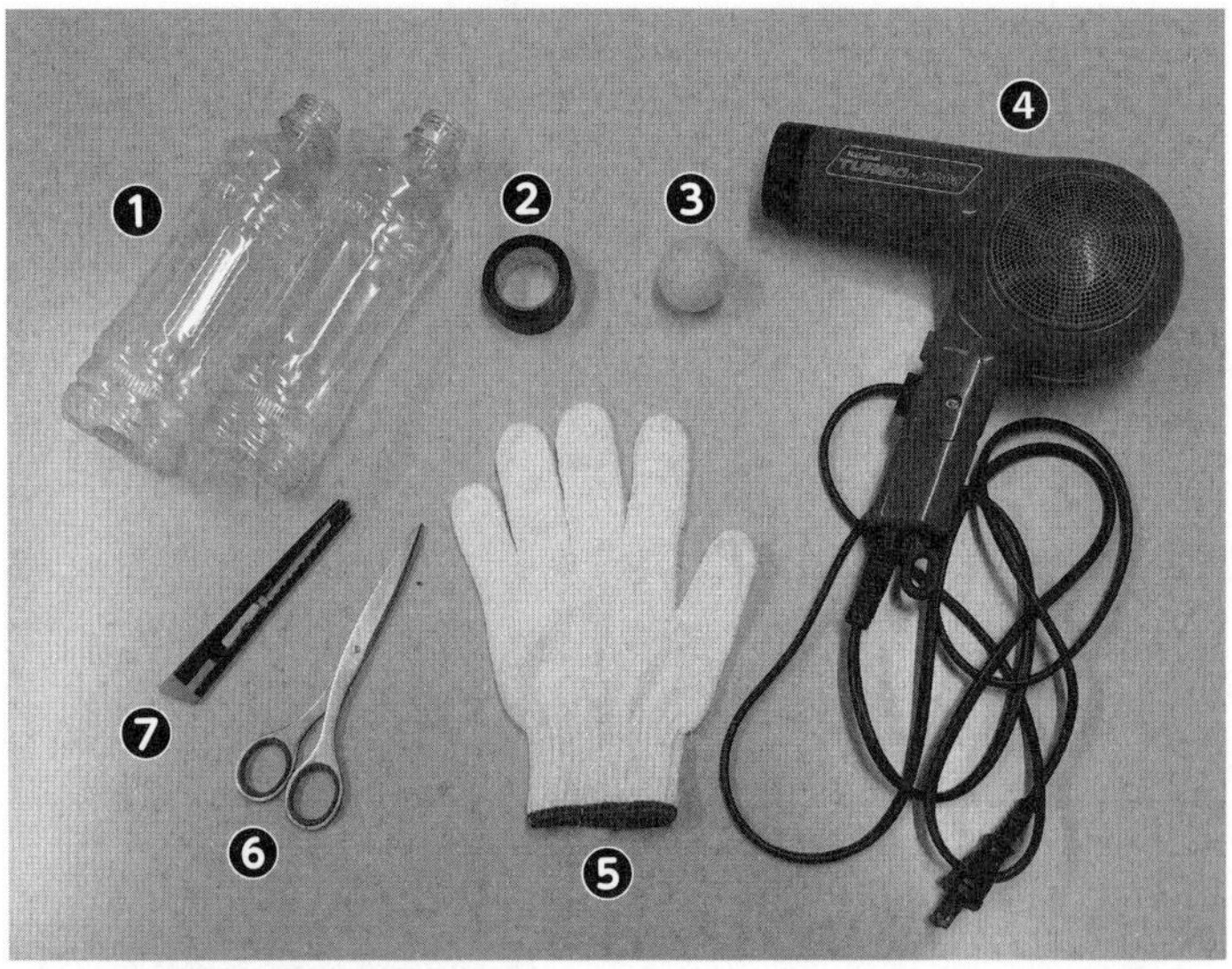

2 ドライヤーの吹き出し口にピンポン球を浮かべてみよう

ドライヤーの吹き出し口を上に向けてピンポン球を浮かべてみましょう。写真左のように風を斜めに向けても、ピンポン球は落ちずに宙に浮かんでいます。「コアンダ効果」と呼ばれる現象で、気体や水が、障害物の丸い曲面に沿って流れる性質のことです。ピンポン球はその流れから逃げ出せないのです。

不思議な現象じゃ
実際にこれから
実験してみよう！

㊟ドライヤーは熱風ではなく冷風で使用します。

3 ペットボトルの口を切り取る

手を傷つけないよう軍手をして、カッターやハサミを使って飲み口から８㎝ぐらいのところを、ラッパ状に切り取ります。

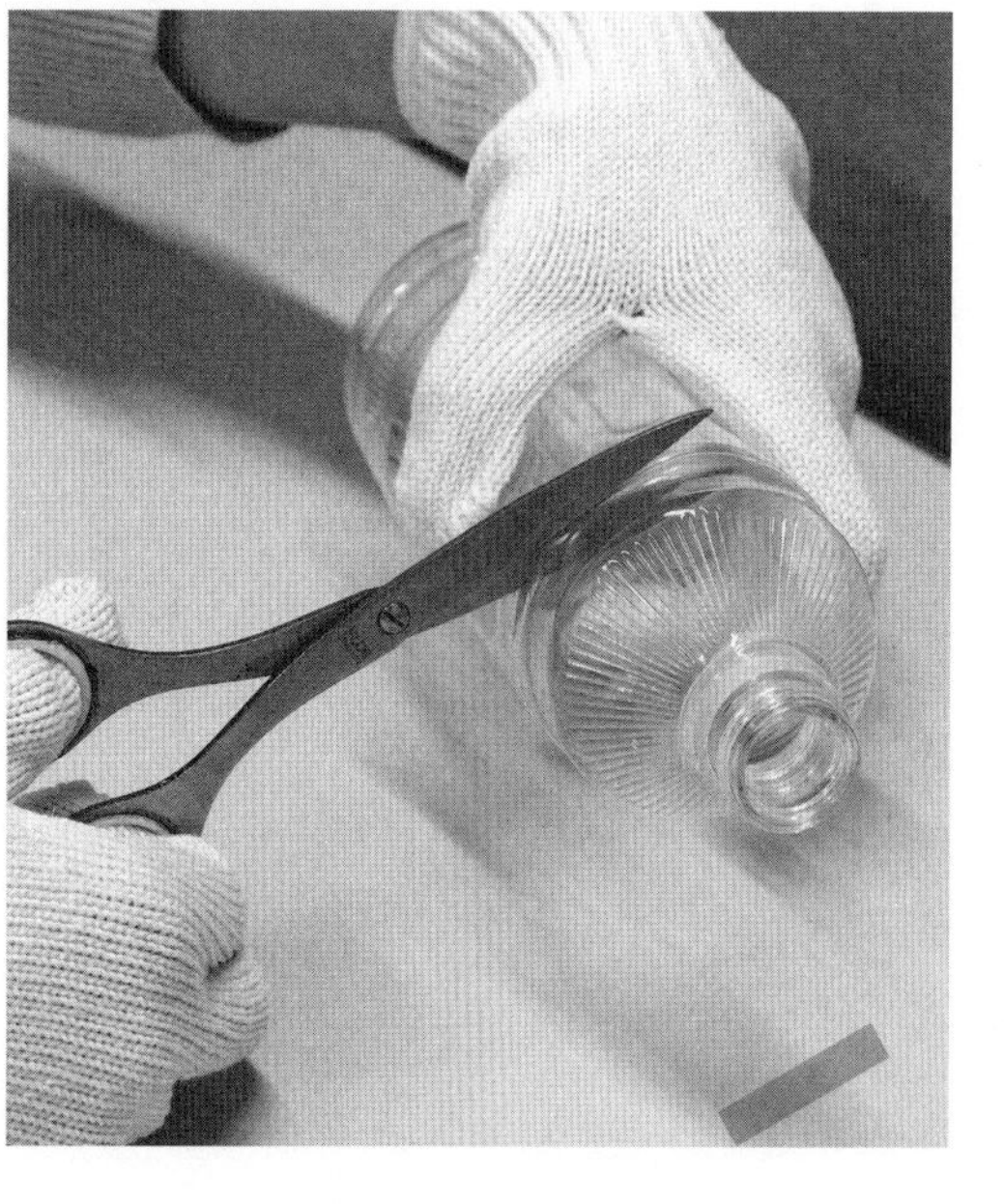

4 ラッパ状の口を２個作る

写真のように、同じ大きさの、ラッパ状の口が２個できました。この２つの口を向きあわせるようにつないで、次ページ❺に進みます。

5 ラッパ状の口が向きあうように取りつける

⑥の写真を参考に、ラッパ状の口２個を向かい合わせにします。ドライヤーの吹き出し口に、空気が漏れないように絶縁テープで取りつけます。

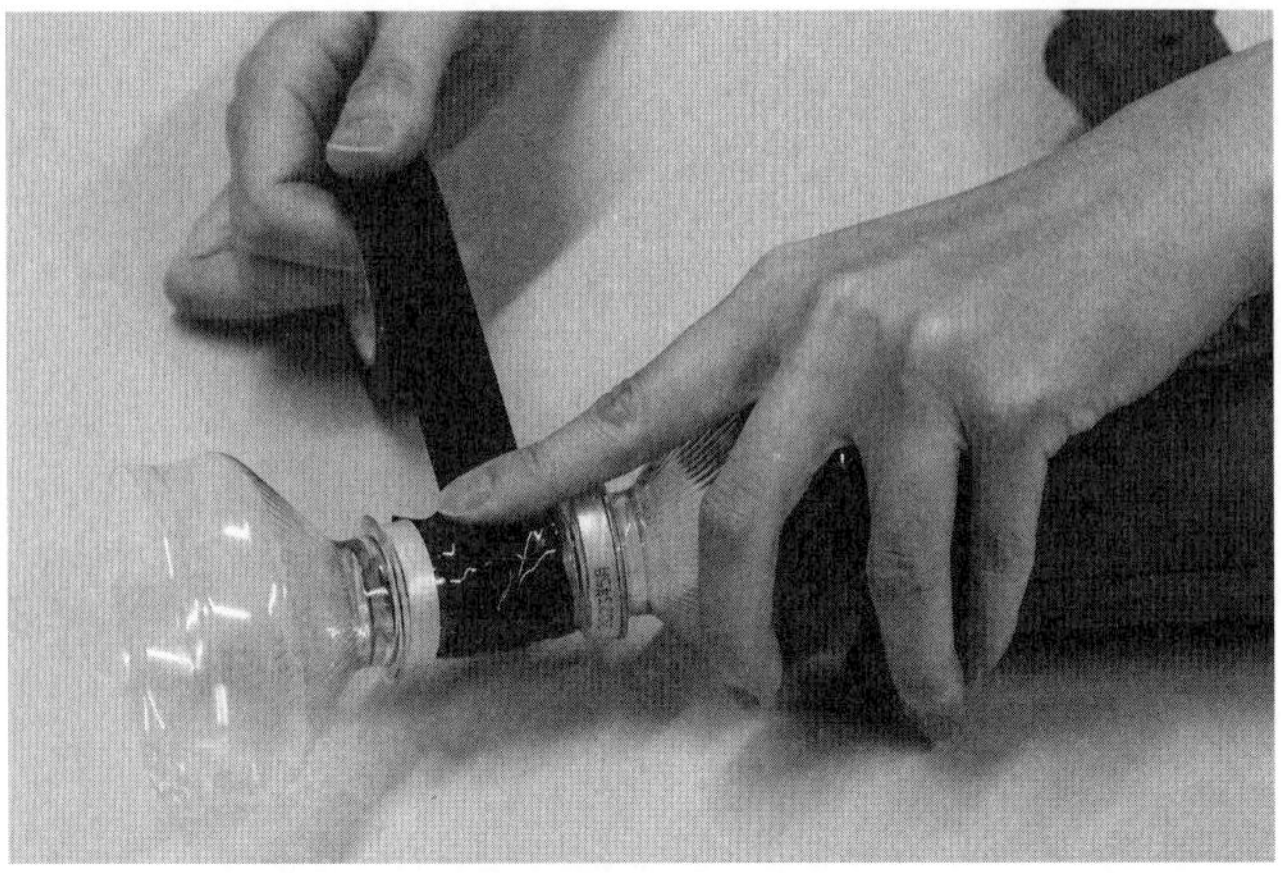

6 ドライヤーをオンにしピンポン球を落とす

ドライヤーを「冷風・最強」でオンにして、風を吹き出し、その吹き出し口にピンポン球を落とし込みます。ピンポン球は吸いつくようにして、ラッパ状の口におさまります。

7 ドライヤーを下向きにしても

　不思議、ピンポン球が吹き出し口に吸いつくように動いています。ドライヤーを持つ手をゆっくりと回転させて、ドライヤーを下向きにしてみます。

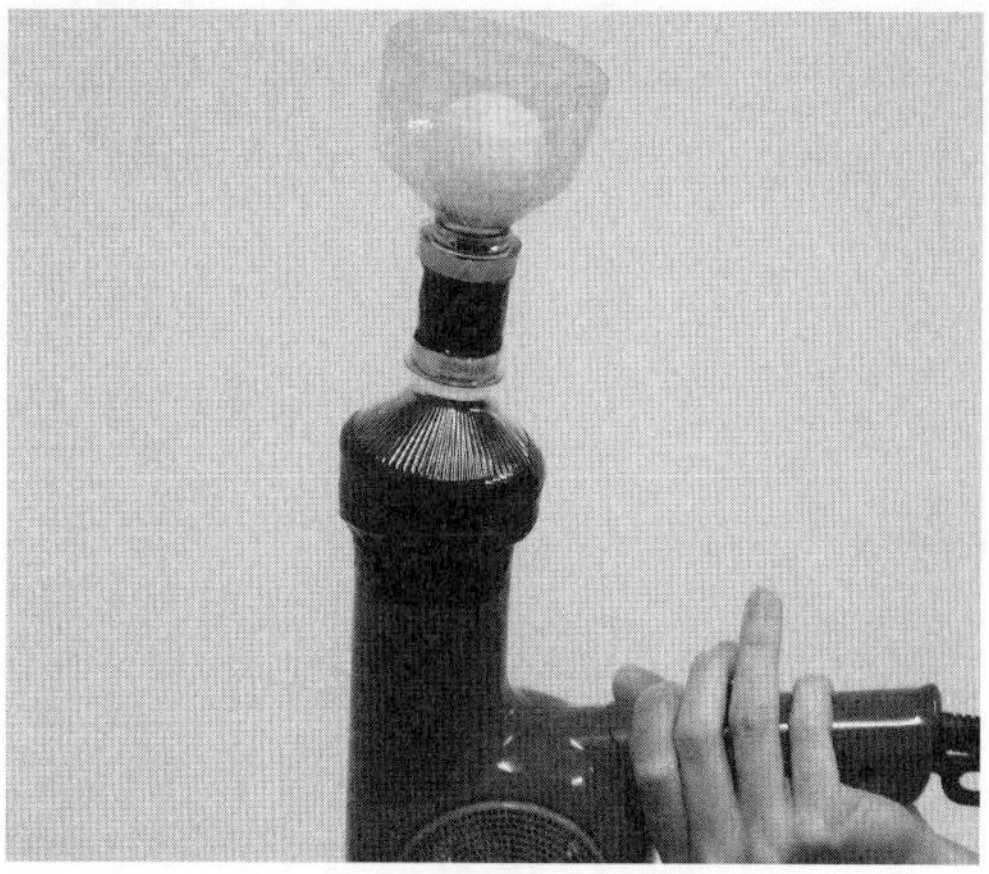

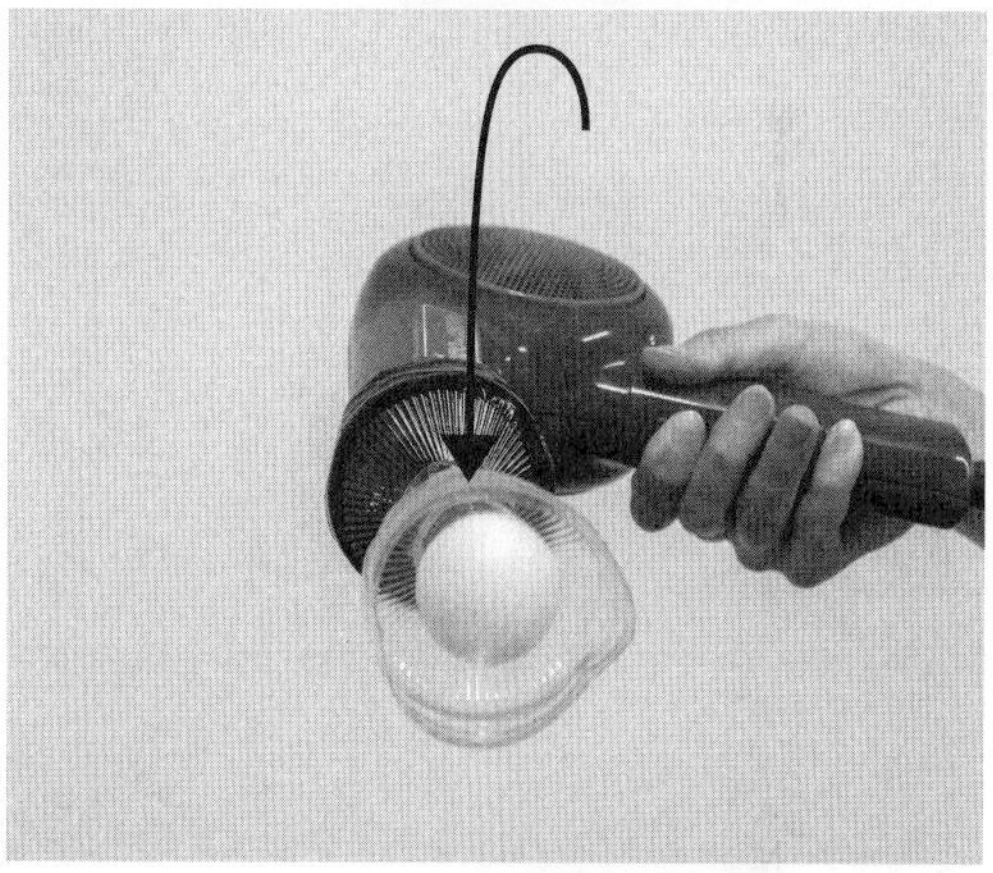

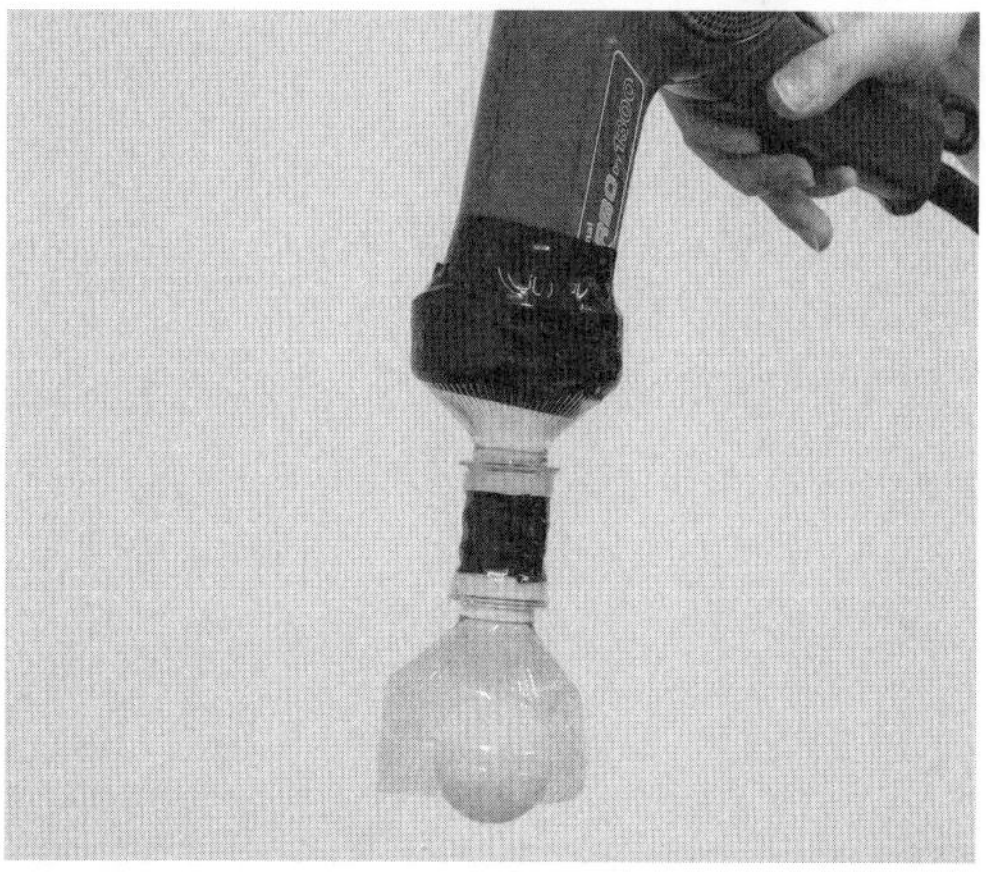

8 ピンポン球は震えている

　ドライヤーを下向きにしても、ピンポン球はすぐには落ちません。ブルブルと震えながら、まるで落ちないように頑張っているように見えます。

解説

空気の流れには不思議な現象が生まれる

【図1】

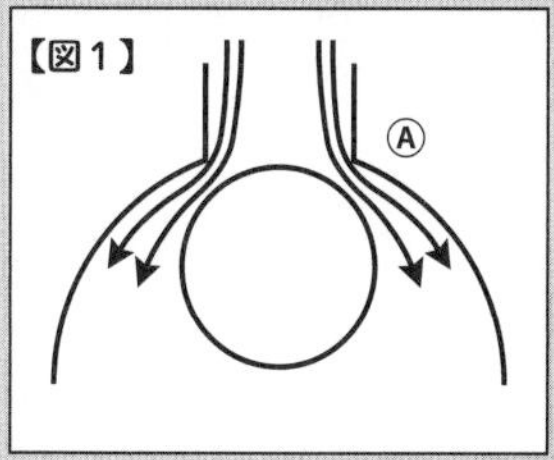

【図2】

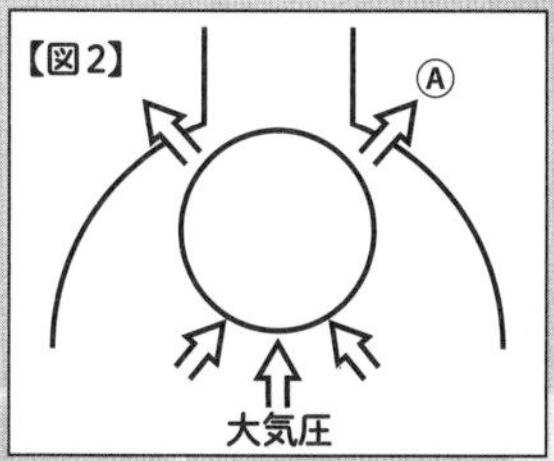

【図3】

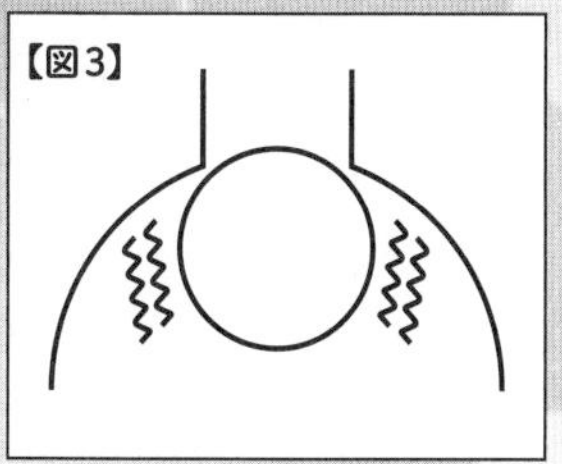

【図4】

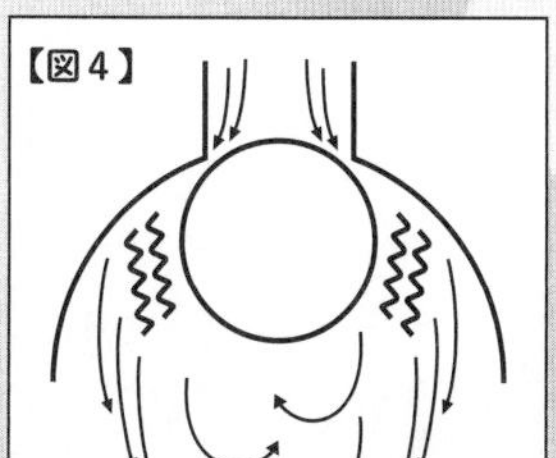

　空気が強く吹き出しているにもかかわらず、ピンポン球が落ちないのは「ベルヌーイの定理」によって、【図1】Ⓐの狭いところを空気が速く流れて圧力が下がるためです。下からの大気圧の方が勝り、ピンポン球はラッパ状の口の方に押しつけられて、落ちないのだと考えられます。

　ピンポン球は重さも軽いために、ドライヤーを下向きにしても、大気圧が重力に逆らって、ピンポン球を落とさないようにするのです。

　【図3】【図4】で、ピンポン球がブルブルと震えるのは、空気が下方に抜けていくときに、その障害となっているピンポン球の後方に生じる、互い違いに入り交じった「千《ち》鳥《どり》状《じょう》渦《うず》列《れつ》」によって振動しているからだと考えられます。

　前号（6月号）の解説も再度お読みいただき、参考にしてください。

動画はこちら▶

ピンポン球が落ちない様子は、こちらの動画でご覧ください。

そうだったのか！

中学生のための経済学

山本 謙三
オフィス金融経済イニシアティブ代表、前NTTデータ経営研究所取締役会長、元日本銀行理事。

「経済学」って聞くとみんなは、なにか堅〜いお話が始まるように感じるかもしれないけれど、現代社会の仕組みを知るには、「経済」を見る目を持っておくことは欠かせない素養です。そこで、経済コラムニストの山本謙三さんに身近な「経済学」について、わかりやすくお話しいただくことにしました。今回は、私たちも問題の当事者である、人口減少と経済に関するお話です。

人口減少は日本経済にどう影響するか

今年4月、国立社会保障・人口問題研究所が「日本の将来推計人口（2023年推計）」を公表しました。国勢調査に基づく推計で、今回は2020年の調査をもとにしています。

人口の動向は、経済活動に大きな影響を与えます。財・サービスに対する需要の規模は、人口におおむね比例します。供給面では、人口が働き手の数を制約する要因となります。

ここでは外国人を含む「総人口」と、その内訳である「年齢3区分別人口」の推計をふまえ、経済の先行きを考えてみましょう。

年齢3区分とは、0～14歳（年少人口）、15～64歳（生産年齢人口）、65歳以上（老年人口）をいいます。生産年齢人口の下限15歳は、実際に多くの人が働き始める年齢よりも低いですが、世界共通の尺度としてこの定義が採用されています。

減少持続が避けられない日本の人口

日本の総人口は、2008年の約1億2800万人をピークに減少が続いています。2020年の実績は約1億2600万人でしたが、2050年には約1億500万人、2070年には約8700万人に減る見込みです。

理由は「合計特殊出生率」が低いことにあります。これは「1人の女性が一生の間に産む子どもの推計人数」を表し、2・06～2・07あれば人口が安定します。しかし、日本は1970年代半ば以降一貫してこの値を下回り、2022年には1・26まで低下しました。

仮に2・07まで回復しても、出生数と死亡数が一致するには時間がかかるため、人口減少は長引くと覚悟しなければなりません。

経済の生産活動は、おもに生産年齢人口が担うので、15〜64歳の人口も重要です。日本では1995年の約8700万人をピークに、2020年は約7500万人(実績)まで減り、2070年には約4500万人へと一段と減少する見込みです。他方、65歳以上の人口は2040年代半ばまで増え続けます。この結果、総人口に占める15〜64歳の人口の比率は、1990年に約69%だったものが2020年に約60%（実績）となり、2050年には約53%まで低下する見通しです。

生産年齢人口は年率1%で減少へ

©PIXTA

人口の変化は、日本経済に大きな影響を及ぼします。実質経済成長率（実質GDPの伸び率）は、2000年代以降は0%台半ば前後で推移してきましたが、今後は限りなくゼロに近づく可能性が高まります。実質GDPは、「就業者数×就業者1人当たりの実質GDP」と表せるので、その伸び率は「就業者数の増減率」と「就業者1人当たり実質GDPの伸び率」の和におおむね等しくなります。就業者1人当たりの実質GDPは、一般に「労働生産性」と呼ばれます。式で表せば、**「実質GDPの伸び率≒就業者数の伸び率＋労働生産性の伸び率」**です。

わかりやすくするために、就業者数＝生産年齢人口とすると、2050年までの就業者数の伸び率は年率マイナス1・01%となります。一方、労働生産性の伸び率は、技術進歩により、効率的な生産が可能になれば高まりますが、過去の例から、先進国の場合は高くても年率プラス1%前後とみられています。式に当てはめると、実質GDPの伸び率はゼロに近づく可能性が高まるというわけです。

人口減少をどう克服するか

もっとも、人口減少が進む社会にあって、従来と同じペースの経済規模の拡大を期待することに無理があるのも事実です。大事なのは実質GDP伸び率より、「国民1人当たりの実質GDPの伸び率」です。これは1年間の成長の果実を、年少者、高齢者を含む国民1人当たりがどれほど享受できるかを示す指標で、「生活の豊かさ」に近いものといえます。

ただ、この伸び率を維持することも簡単ではありません。前述の通り、15〜64歳人口の総人口に占める比率は、今後も低下が続きます。これまで10人のうち約6人が働いて10人で分けあっていたものを、今後は約5人が働いて10人で分けることとなり、1人が得られるパイが減るわけです。式で表せば、**「国民1人当たりの実質GDPの伸び率≒就業者数の伸び率−総人口の伸び率＋労働生産性の伸び率」**です。このうち「就業者数の伸び率−総人口の伸び率」は、2050年までの30年間で、年率マイナス0・39%と計算されます。就業者数（生産年齢人口）の減少スピードが総人口の減少よりも速いため、マイナスの値になるというわけです。これだけのハンディキャップを補うには多大な努力が必要です。

しかし、克服の手立てはあります。計算式からわかるように、就業者数を増やすことと、労働生産性を引き上げることです。とくに、1人ひとりがより長い年月働いて、就業者数を増やすことが大切です。日本は世界有数の長寿国です。長く働くというのは、長寿の恩恵を社会に還元することにほかなりません。

淡路雅夫の

中学生の味方になる子育て 第９回
楽しむ 伸びる 育つ

profile 淡路雅夫（あわじ まさお） 淡路子育て教育研究所主宰。國學院大学大学院時代から一貫して家族・親子、教育問題を研究。元浅野中学高等学校校長

中学生のリスクを理解して子どもに寄り添ってほしい

お子さんの中学生活が始まりました。今回は環境の変わった中学生活で、お子さんが将来の土台作りができるようにするメンタル面のサポートについてお話しします。

中学生活は、児童から青年・成人へと成長するための基礎作りの期間です。お子さんが培っていかなければならない力とは、「人間力」と、将来成人として生活するための「社会人力」です。

最近、人間力という言葉をよく耳にしますが、これはお子さんの魅力そのものとも言い換えられます。人それぞれの魅力は、自意識が芽生える成長著しい思春期に育まれ、人によって十人十色、まさに多様です。

小学校と違って中学校には色々な生徒が集います。お互いの魅力がぶつかりあい、比較の対象にもなります。１人ひとり異なる価値観や考え方、自分とは違った言葉づかいや行動をする、そんな生徒たちがお互いに学びあっているのです。

他人とは違う自分の魅力に気づいたり、自ら発見して、自分らしい生活をするためにも、お子さんの生活や行動を受け止める保護者のポジティブなかかわりが重要になります。

また「社会人力」とは、人とのかかわり方をいいます。中学校生活では、人との出会いが多くなります。クラスにいる個性豊かで多様な仲間、教科ごとの個性的な教員、クラブ活動の先輩や後輩という横や縦の関係からの学びも、社会人として生活するための鍛錬になります。

いま、社会は多様性にあふれ、従来の社会のモデルは崩れて先の見通しが難しくなっています。そんななかでの人との出会いや関係は、これまで以上に重要です。

思うようにいかなくて当たり前だと理解する

お子さんは急に難しくなる学習面や生活面での新しい体験、人との出会いに対して、自分で考えて行動しなければなりません。これまでは保護者の手厚い支援を受け、素直に保護者の指示を受け入れて生活してきた12歳のお子さんは、自我が芽生えるにつれて、ストレスをため精神的に悩むことも多くなります。

「思うようにいかないことばかりだ」と感じる中学生は、孤独感にさいなまれ、ときに引き込もりや不登校など、メンタル面から生活を崩してしまうことが少なくないのです。

思春期の生活では「自分の思うようにいかない……」と感じることが多いものです。ですからお子さんには、できるだけ思春期までに、自分自身で考えたり、判断したり、責任を持って主体的に行動する機会を多く経験させておきたいものです。

また、お子さんが問題を抱えたときに、自分１人で考え込まずに、お子さんが相談できる環境をいまから作っておくことも大切です。

親にどうしても話せないときは、問題の解決方法を話しあえるだれかを周囲に作っておけばよい、ということを親の体験を交えて話しておくことも、お子さんのメンタル面のサポートになります。これは結果的に、親子の距離感や親近感を育むことにもつながります。

40年後「キョウイク」と「キョウヨウ」が大切になる

次に中３生のみなさん、いま自己の魅力を探しながらも、人間関係を培っていると思いますが、そろそろ社会の動向にも目を向けてよい時期です。

コロナ禍もあって、従来の社会や生活モデルが大きく崩れ出しています。

そんななかで若者が社会に出て働くことの意味を、そろそろ考えてみてはいかがでしょうか。

例えば、「どんな職業に就きたいのか」「なんのために働くのか」「生活と仕事の関係は」、あるいは「女性の働く環境」などをです。

また、人生100年時代となり人間の寿命も長くなりました。大学を出たあと、40年以上同じ職場で働き、定年後は年金をもらって生活するというライフスタイルは、すでに過去のものになってしまいました。定年後にも、今日行く《キョウイク》場所と今日用《キョウヨウ》事があることが大切な時代なのです。

そこで、中学生の課題である人間力や社会人力の学びと、自分らしい生き方や夢を考える必要が、ますます重要になっています。

これからのお子さんにとって大事なことは、自分の将来について自分で考え、判断しながら生活できるような人間になることなのです。

次回は、そんなお子さんについて、「思春期はなぜイラつくのか」を考え、お話しします。

〈つづく〉

PICK UP NEWS
ピックアップニュース！

新型コロナウイルス感染症の「５類」移行を受け、コンビニのレジ前に設置していたビニールカーテンを外す店員（２０２３年５月８日午前・東京都品川区）写真：時事

今回のテーマ

新型コロナ５類へ移行

政府は５月８日から、新型コロナウイルス感染症の感染症法上の位置づけをこれまでの「新型インフルエンザ等感染症（２類相当）」から季節性インフルエンザと同じ「５類」に引き下げました。同法で義務づけられている入院勧告や外出自粛要請などはなくなり、国民の行動制限は大幅に緩和されることになりました。

新型コロナウイルス感染症は2019年12月、中国の武漢で初めて確認され、世界的な広がりを見せました。日本でもこれまで１波から８波まで、ウイルスは変異を繰り返しながら猛威を振るいました。日本での感染者は今年５月までに延べ約3400万人、このうち約７万5000人が亡くなりました。世界では４月末までで約７億6000万人が感染し、約700万人が亡くなっています。

世界保健機関（WHO）は2020年１月に「緊急事態宣言」を出し、日本政府も感染症法上の位置づけを、結核や鳥インフルエンザと同じ２類相当に分類しました（その後「新型インフルエンザ等感染症〈２類相当〉」へ分類）。

２類相当に分類されたことにより、感染者には入院勧告、就業制限、外出自粛要請が可能となり、治療費は全額公費で負担されました。また、感染拡大防止のために海外への渡航制限や感染者の隔離など様々な措置がとられました。イベントは制限され、企業ではテレワークが推奨され、学校もリモートで授業を行うなど人々の生活は大きく変化しました。

一方で2022年秋ごろから、現在流行しているオミクロン株ウイルスが主流となり、感染力は強いものの、重症化しにくい傾向がみられています。一時に比べ、死者数も減少してきていることから、３月からはマスク着用が個人判断となり、今回の「５類」引き下げとなりました。WHOも「緊急事態終了」の宣言をしました。検査費や治療費は原則自己負担となりますが、ワクチン接種費などは公費負担を継続する方針です。

「５類」への引き下げとなりましたが、新型コロナウイルス感染症がなくなったわけではなく、ウイルスも新たな変異をして、再拡大する可能性もあります。手洗い、うがいなどはこれからも実行していかなくてはなりません。

ジャーナリスト **大野 敏明**
（元大学講師・元産経新聞編集委員）

思わずだれかに話したくなる

名字の豆知識

第34回

都道府県別の名字 今回は

千葉

東京の右隣 千葉の名字

どちらが先か？千葉介と千葉氏

千葉県は上総国《かずさのくに》と安房国《あわのくに》、下総国《しもうさのくに》の一部を合わせた地域で立県しました。平安時代の辞書である『和名類聚抄《わみょうるいじゅしょう》（和名抄《わみょうしょう》）』によると、千葉の語源は下総国千葉郡千葉郷からで、「原野多ク、葛藤ノ繁茂セル」ためについたとされます。「葛藤《つづらふじ》」はつる植物の名前で、そうした植物がたくさんの葉（千の葉）を茂らせている自然の豊かな土地ということで「千葉」と名づけられたと推測できます。

千葉郷は現在の千葉市中央区千葉寺町、大森町、川戸町付近で、下総を統括する役職として千葉介《ちばのすけ》がおかれました。

11世紀末、桓武《かんむ》天皇の曾孫で、臣籍降下した平高望《たいらのたかもち》の曾孫、平忠常《たいらのただつね》が千葉介に任じられて、千葉氏を称したのが千葉氏の始まりとされています。忠常の父の従兄弟が平将門《たいらのまさかど》です。

忠常の次男、胤宗《たねむね》の孫、基永《もとなが》が武蔵七党《むさししちとう》の1つ、野与《のよ》党の祖となり、その弟の頼任《よりとう》が同じく武蔵七党村山党の祖となったことは、前号の埼玉県の回でみました。

忠常の長男、常将《つねまさ》の子孫、広常《ひろつね》は上総介《かずさのすけ》に任じられ、子孫は上総を名字とします。広常は源《みなもとの》頼朝《よりとも》に従いましたが、のちに無実の謀反の疑いで殺されます。また広常のまた従兄弟の常胤《つねたね》は源頼朝の重臣として上総、下総に君臨しました。常胤の子孫は千葉氏、相馬氏、武石《たけいし》氏、大須賀《おおすが》氏、国分《こくぶ・こくぶん》氏、東《あずま》氏、馬加《まくわり》氏などに分かれています。千葉氏からは九州千葉氏、武蔵千葉氏が出ました。

千葉姓は全国90位18万9000人いますが、岩手県で4位、宮城県で6位と東北に多い名字です。発祥の千葉県では100位です。

千葉県の名字ベスト20を見る

では、千葉県の名字ベスト20をみましょう。鈴木、高橋、佐藤、渡辺、伊藤、斎藤、田中、中村、石井、小林、加藤、吉田、山本、林、小川、山口、山田、山崎、松本、木村です。

千葉県における鈴木はおよそ2・6％で全国の1・4％を大きく上回っています。鈴木姓の歴代首相2人のうち、終戦時の首相、鈴木貫《すずきかん》太《た》郎《ろう》は千葉県東葛飾郡関宿町（現・千葉県野田市）出身で、関宿藩士、鈴木由哲《すずきゆうてつ》の長男。関宿藩主は久世氏ですが、久世氏の所領の飛び地で、かつて久世という村落が現在の大阪府堺市にあり、鈴木貫太郎はそこで生まれました。もう1人の鈴木善幸《すずきぜんこう》は岩手県の出身です。

全国ベスト20以外の名字は石井、小川、山崎の3姓で、このうち石井は茨城県の回で、山崎は埼玉県の回でみましたので、小川について調べてみましょう。

小川は全国30位39万2000人。千葉の15位がトップです。次いで広島20位、長崎21位、東京25位、岐阜25位、栃木26位、埼玉27位、神奈川28位などで全国的に広く分布しています。

小川はもちろん、小さな川が流れている付近の地名で、それが居住者の名字になっていったのですが、水田に川は欠かせないので、大川、中川、西川、北川、川田、川島、川野、川上など「川」のつく名字はそれこそ数多くあります。

『和名抄』には下総国香取郡六郷の1つに小川郷があり、現在の千葉県香取市上小川周辺に比定されます。また千葉県には香取市、かつての山武郡松尾町などに小川という字《あざ》があり、その他、小川台など小川のつく地名、小字はその数倍にのぼると思われます。こうした大字、小字が小川姓のもとになったのです。

もっと知りたい 千葉県に多い名字

ベスト20以外で千葉県に多い名字を調べてみましょう。土屋は全国143位、千葉県では50位、椎名は全国759位、千葉県で89位、椎名さんの3人に1人は千葉県居住といえます。外房地区に多く分布しています。前に出た千葉常胤の兄、胤光《たねみつ》が下総国椎名内村（現・千葉県旭市椎名内）を領して椎名を名乗ったのが始めです。現在、千葉市緑区にも椎名崎町があります。東京都にも椎名町（現・東京都豊島区南長崎周辺）がありましたが、現在は西武池袋線の駅名に残るだけです。1948年1月に帝国銀行椎名町支店で起きた帝銀事件は有名ですね。

石毛は全国では1525位、千葉県では140位、全国の60％以上が千葉県在住、千葉県の固有姓といっていいでしょう。現在はおもに千葉県東部に多く分布しています。

これ以外では石橋、飯田、鶴岡、湯浅、臼井、篠塚、植草などが千葉県に特徴的な名字です。

（ランキング参照・新人物往来社『別冊歴史読本 日本の苗字ベスト10000』。全国の千葉姓・小川姓人口参照「名字由来net https://myoji-yurai.net/」）。

千葉氏は千葉県で興った

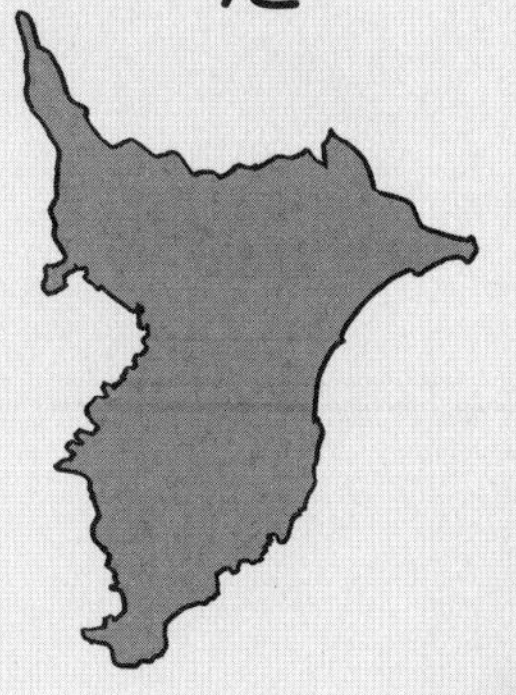

千葉氏中興の祖
千葉常胤

ミステリーハンターQのタイムスリップ歴史塾

秦の始皇帝

今回のテーマは中国の歴史から秦の始皇帝を取り上げるよ。初めて中国を統一した秦の始皇帝がなにを行い、なにを残したのか学んでいこう。

勇 初めて中国を統一した秦《しん》の始《し》皇帝《こうてい》ってどういう人？

MQ 紀元前3世紀の秦王朝の最初の皇帝だね。

静 万里《ばんり》の長城《ちょうじょう》を築いた人って聞いたけど。

MQ そう、現在の万里の長城の基礎を作った人だね。始皇帝が統一する前の中国は戦国時代といって韓《かん》、魏《ぎ》、趙《ちょう》、斉《せい》、燕《えん》、楚《そ》、秦の7つの国が分立して互いに戦っていたんだ。

勇 なぜ秦が統一できたの？

MQ 始皇帝の名は政《せい》。姓は嬴《えい》あるいは趙。紀元前259年の生まれで、秦の荘襄王《そうじょうおう》の子とされるけど、はっきりしていない。13歳で秦の王となって、少しずつ領土を拡大していき、紀元前221年、ついに統一に成功したんだ。秦は豊かな土地に恵まれ、兵も強かったといわれる。

静 なぜ「始皇帝」っていうの？

MQ それまでの中国では古代の伝説上の帝王を三皇五帝《さんこうごてい》というなど、王の称号は皇と帝で異なっていた。それを1つにして、「皇帝」という最高の地位を作り上げて自分がその地位に就いたんだ。「始」は「最初」という意味なので「始皇帝」は「一番始めの皇帝」という意味なんだよ。

勇 始皇帝はどんなことをしたの？

MQ 評価されているのは度《ど》量《りょう》衡《こう》の統一だね。それまでは長さ（度）、体積（量）、重さ（衡）の単位が国や地域によってバラバラだったけど、それを統一したんだ。

静 ほかには？

MQ 漢民族は北方民族からたびたび攻撃を受けていたけど、北方民族の匈奴《きょうど》を黄河より北に追いやり、北から攻められないように万里の長城を築いたんだ。万里の長城はユネスコの世界遺産にも指定されているけど、秦王朝のあとに移転や改築を繰り返し、現在の形になったのは明《みん》の時代になってからなんだ。ほかには焚書坑儒《ふんしょこうじゅ》といって、儒学者が始皇帝の政治を批判しているとして、論語や詩経などの書物を焼き、儒学者を生き埋めにするなどの行為もしたんだ。

勇 暴君的な一面もあったんだね。

MQ 不老長寿の薬を探させたりした始皇帝だったけど、紀元前210年に死去し、息子が二世皇帝になった。だけど、各地で反乱が相次いで、秦朝は紀元前206年に滅亡した。始皇帝は秦王に即位してから自身の墓の造営を始め、そこに葬られた。墓の場所は長らく不明だったけど、1974年、地元住民が偶然に発見した。それがユネスコの世界遺産に指定されている秦始皇帝陵および兵馬俑《へいばよう》坑だ。陝西《せんせい》省西安市の北東にあるよ。

ミステリーハンターQ（略してMQ）

米テキサス州出身。某有名エジプト学者の弟子。1980年代より気鋭の考古学者として注目されつつあるが本名はだれも知らない。日本の歴史について探る画期的な著書『歴史を掘る』の発刊準備を進めている。

山本 勇

中学3年生。幼稚園のころにテレビの大河ドラマを見て、歴史にはまる。将来は大河ドラマに出たいと思っている。あこがれは織田信長。最近のマイブームは仏像鑑賞。好きな芸能人はみうらじゅん。

春日 静

中学1年生。カバンのなかにはつねに、読みかけの歴史小説が入っている根っからの歴女。あこがれは坂本龍馬。特技は年号の暗記のための語呂合わせを作ること。好きな芸能人は福山雅治。

身の回りにある、
知っていると
役に立つかもしれない
知識をお届け!!

サクセス印のなるほどコラム

知って得する？　「がんす」の話

先生～。

どうした？　なんか元気ないね。

眠くてさ～。

寝不足？　ちゃんとご飯食べてる？

まあ、食べてると思う。

もしかして、甘いものばかり食べてない？

甘いものはダメ？

ダメではないけど、糖分の摂りすぎは眠気を起こすこともあるらしいから……。

確かに甘いものは好きだけど、摂りすぎってほど食べてるかな？　限度とかわかんないや。

そういえばそうだね。甘いものの限度がどれくらいかって知らないなあ。

いったいなにを食べれば眠くならないの？

それは難しい質問だよ。とにかく、バランスのいい食生活を心がけるのがいいんじゃない？

バランス？　具体的になにを食べればいい？

もうわけわかんない状況みたいだね。じゃあとりあえず、魚を食べよう！

それはお刺身でもいい？

焼き魚や煮魚よりもお刺身が好きなの？

なんかさ、焼き魚とか煮魚って骨を箸で取るの面倒で……。

そこ？　じゃあさ、“がんす”でも食べれば？

えっ？　もう一度言ってほしい。

“がんす”。

それなに？

簡単にいえば魚を使った練りものだよ。さつま揚げみたいな感じなんだよね～。

それはどこで売ってるの？

お取り寄せになるかなあ。

普通に買えないの？

広島の名産らしく、先生はいつも広島からお取り寄せしているよ。それくらいおいしい。唐辛子が練り込んであって、ちょっとピリ辛でアクセントになっているんだ。病みつきになるおいしさだよ。

先生がそんなに語るんだから、相当おいしいんだね。

先生は好きだよ。

でも、“がんす”ってどういうネーミング？

広島弁で「～です」「～でございます」を「がんす」と言うらしくて、そこから名づけられたみたい。

へえ!?　それはおもしろいね～。

おもしろいだけでなく、本当においしいから！魚を食べられるしね。

そうでがんすね～。

まさにその使い方で合っているよ。がんすでがんす。

「がんすでございます」って意味ね。ぼくもお取り寄せしてもらおう！

だれに？

お母さんでがんす。

ハマったね。

そうでがんす。

中学生でもわかる

高校数学のススメ

高校数学では、早く答えを出すことよりもきちんと答えを出すこと、つまり答えそのものだけでなく、答えを導くまでの過程も重視します。なぜなら、それが記号論理学である数学の本質だからです。さあ、高校数学の世界をひと足先に体験してみましょう！

written by
『サクセス15』編集部数学研究会

Lecture! サイクリック

例題　$\dfrac{1}{(a-b)(a-c)}+\dfrac{1}{(b-a)(b-c)}+\dfrac{1}{(c-a)(c-b)}$の値を求めなさい。

まず、これをどう考えればいいのでしょうか。分母をみると、$(a-b)$と$(b-a)$が似ています。つまり$b-a=-(a-b)$となり、マイナス1倍の関係とわかります。同じように考えると$c-b=-(b-c)$、$a-c=-(c-a)$となります。気づきましたか？　分母を$(a-b)$と$(b-c)$と$(c-a)$の3種類にそろえようと考えます。

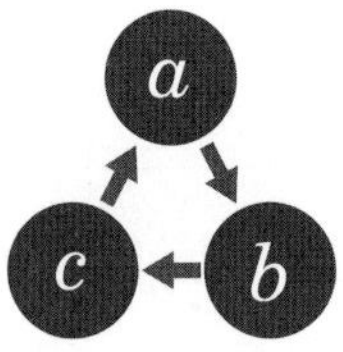

この文字の順番をみると、$a\to b\to c\to a\to b\to c$と循環しています。これをサイクリックといいます。左図のようなイメージです。さあ、解答です。分母を$(a-b)(b-c)(c-a)$にそろえます。符号に注意しながら……。

$$\frac{1}{(a-b)(a-c)}=\frac{-1}{(a-b)(c-a)}$$

この分母と分子に$(b-c)$を倍分して

$$\frac{1}{(a-b)(a-c)}=\frac{-1}{(a-b)(c-a)}=\frac{-(b-c)}{(a-b)(b-c)(c-a)}$$

同じようにして

$$\frac{1}{(b-a)(b-c)}=\frac{-1}{(a-b)(b-c)}=\frac{-(c-a)}{(a-b)(b-c)(c-a)}$$

$$\frac{1}{(c-a)(c-b)}=\frac{-1}{(b-c)(c-a)}=\frac{-(a-b)}{(a-b)(b-c)(c-a)}$$

よって、求める値は

$$\frac{1}{(a-b)(a-c)}+\frac{1}{(b-a)(b-c)}+\frac{1}{(c-a)(c-b)}$$

$$=\frac{-(b-c)}{(a-b)(b-c)(c-a)}+\frac{-(c-a)}{(a-b)(b-c)(c-a)}+\frac{-(a-b)}{(a-b)(b-c)(c-a)}$$

$$=\frac{-(b-c)-(c-a)-(a-b)}{(a-b)(b-c)(c-a)}=\frac{-b+c-c+a-a+b}{(a-b)(b-c)(c-a)}=\mathbf{0}$$

と求まります。

今回学習してほしいこと

文字を含む分数式では、文字の配列に注意して（サイクリック）、分母を同じ式でまとめる。

練習問題

上級

$$\frac{a^3}{(a-b)(a-c)}+\frac{b^3}{(b-a)(b-c)}+\frac{c^3}{(c-a)(c-b)}$$

の値を求めなさい。

中級

$$\frac{a^2}{(a-b)(a-c)}+\frac{b^2}{(b-a)(b-c)}+\frac{c^2}{(c-a)(c-b)}$$

の値を求めなさい。

初級

$$\frac{a}{(a-b)(a-c)}+\frac{b}{(b-a)(b-c)}+\frac{c}{(c-a)(c-b)}$$

の値を求めなさい。

解答・解説は次のページへ！

解答・解説

上級

分母を通分して$(a-b)(b-c)(c-a)$にそろえます。

$$\frac{a^3}{(a-b)(a-c)}+\frac{b^3}{(b-a)(b-c)}+\frac{c^3}{(c-a)(c-b)}$$

$$=\frac{-a^3(b-c)}{(a-b)(b-c)(c-a)}+\frac{-b^3(c-a)}{(a-b)(b-c)(c-a)}+\frac{-c^3(a-b)}{(a-b)(b-c)(c-a)}$$

$$=\frac{-a^3b+ca^3-b^3c+ab^3-c^3a+bc^3}{(a-b)(b-c)(c-a)}=P$$

とおくと、じつはこの分子が因数分解できるのです！　でも少し高度です。高1の数学では$b^3-c^3=(b-c)(b^2+bc+c^2)$が乗法公式として出てきます。これを使います。

Pの分子$=-a^3b+ca^3-b^3c+ab^3-c^3a+bc^3$

$=(c-b)a^3+(b^3-c^3)a+bc(c^2-b^2)$

$=(c-b)a^3+(b-c)(b^2+bc+c^2)a+bc(c+b)(c-b)$

$=(c-b)\{a^3-(b^2+bc+c^2)a+bc(c+b)\}$

ここで{　}の部分に着目します。いままでaについてまとめて考えてきましたが、心機一転！　$a^3-(b^2+bc+c^2)a+bc(c+b)$を一度展開して、$b$についてまとめ直すと……（$c$についてまとめてもできます）

$a^3-(b^2+bc+c^2)a+bc(c+b)$

$=a^3-ab^2-abc-c^2a+bc^2+b^2c$

$=-ab^2-acb+a^3-c^2a+bc^2+b^2c$

$=(c-a)b^2+(c^2-ac)b+a^3-c^2a$

$=(c-a)b^2+c(c-a)b+a(a^2-c^2)$

$=(c-a)b^2+c(c-a)b+a(a+c)(a-c)$

$=(c-a)\{b^2+cb-a(a+c)\}$

さあ、あと一息！　今度はこの{　}の部分だけに着目！　これをcでまとめると$b^2+cb-a(a+c)=c(b-a)+(b+a)(b-a)=(b-a)(a+b+c)$ですから

まとめてPの分子$=(c-b)(c-a)(b-a)(a+b+c)$

$=(a-b)(b-c)(c-a)(a+b+c)$となるので、

$$P=\frac{(a-b)(b-c)(c-a)(a+b+c)}{(a-b)(b-c)(c-a)}=\boldsymbol{a+b+c}$$

答え　$\boldsymbol{a+b+c}$

中級

分母を通分して$(a-b)(b-c)(c-a)$にそろえます。

$$\frac{a^2}{(a-b)(a-c)}+\frac{b^2}{(b-a)(b-c)}+\frac{c^2}{(c-a)(c-b)}$$

$$=\frac{-a^2(b-c)}{(a-b)(b-c)(c-a)}+\frac{-b^2(c-a)}{(a-b)(b-c)(c-a)}+\frac{-c^2(a-b)}{(a-b)(b-c)(c-a)}$$

$$=\frac{-a^2b+ca^2-b^2c+ab^2-c^2a+bc^2}{(a-b)(b-c)(c-a)}=P$$

とおくと、この分子は【初級】のように0にはなりません。

そこで、改めて分子に注目します。

Pの分子$=-a^2b+ca^2-b^2c+ab^2-c^2a+bc^2$

この式をaについて次数の高い順にまとめると、因数分解できます。

Pの分子$=(c-b)a^2+(b^2-c^2)a+bc(c-b)$

$=(c-b)a^2+(b+c)(b-c)a+bc(c-b)$

$=(c-b)\{a^2-(b+c)a+bc\}$

$=(c-b)(a-b)(a-c)$

$=(a-b)(b-c)(c-a)$

よって$P=\frac{(a-b)(b-c)(c-a)}{(a-b)(b-c)(c-a)}=\mathbf{1}$

答え 1

初級

分母を通分して$(a-b)(b-c)(c-a)$にそろえます。

$$\frac{a}{(a-b)(a-c)}+\frac{b}{(b-a)(b-c)}+\frac{c}{(c-a)(c-b)}$$

$$=\frac{-a(b-c)}{(a-b)(b-c)(c-a)}+\frac{-b(c-a)}{(a-b)(b-c)(c-a)}+\frac{-c(a-b)}{(a-b)(b-c)(c-a)}$$

$$=\frac{-a(b-c)-b(c-a)-c(a-b)}{(a-b)(b-c)(c-a)}$$

$$=\frac{-ab+ca-bc+ab-ca+bc}{(a-b)(b-c)(c-a)}=\mathbf{0}$$

答え 0

Success Book Review

「夢」を達成するために
成瀬あかりはいつも全力

今月の1冊

『成瀬は天下を取りにいく』

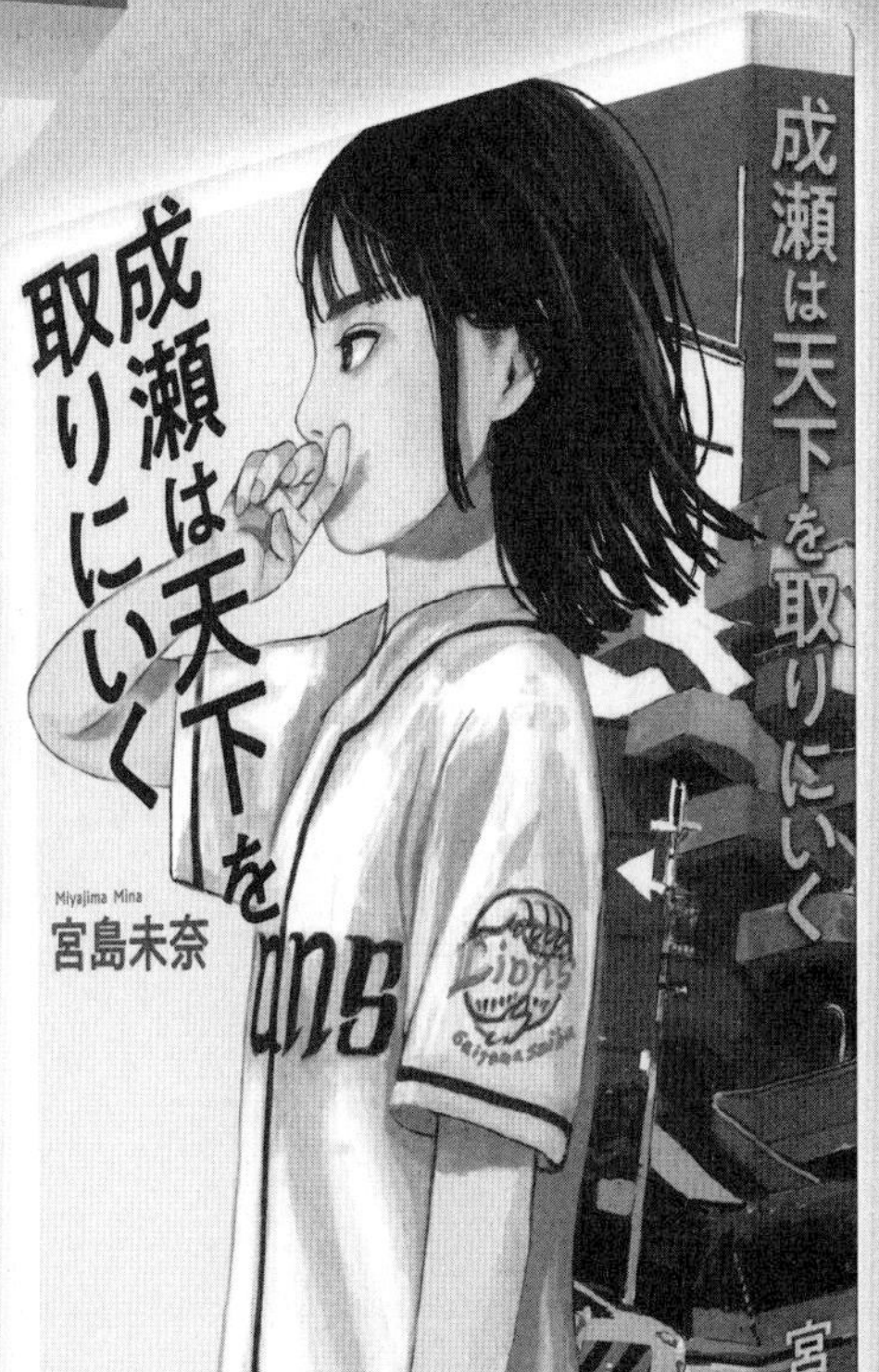

著者／宮島未奈
刊行／新潮社
価格／1705円（税込）

コロナ禍の夏、中学2年生の成瀬あかりは、幼馴染の島崎みゆきにこう宣言する。

「島崎、わたしはこの夏を西武に捧げようと思う」

その日をきっかけに、成瀬は地元のテレビ局が連日放送する、デパート西武大津店の閉店特番中継に映り込みを始める。

かと思うと、秋には「島崎、わたしはお笑いの頂点を目指そうと思う」と告げ、「ゼゼカラ」というお笑いコンビを島崎と組み、日本最大の漫才大会「M－1」のステージをめざすようになる。

はたから見たら無謀に思えることにも、全身全霊で取り組む。それがこの作品の主人公、成瀬あかりの生き方だ。

島崎の視点から語られる「ありがとう西武大津店」「膳《ぜ》所《ぜ》から来ました」のほか、語り手が異なる「階段は走らない」「線がつながる」「レッツゴーミシガン」「ときめき江《ごう》州《しゅう》音《おん》頭《ど》」が収録された短編集。

描かれるのは、30年間音信不通だった友人と再会を果たそうとする男性、東京大学合格をめざす女子生徒、成瀬にひと目ぼれした男子生徒、そして成瀬自身だ。

この語り手たちは、全員が「夢物語」のような願いを抱いている。しかし、だれもがその実現を諦めようとしていない。例えば英語を使いこなすという「目標」を達成するために、英単語を1つずつ覚えていくように、みんなが自分の「夢」をかなえようと一生懸命に汗を流している。

どうして西武に通うのかと問われ、成瀬は「この夏の思い出づくりかな」と答える。また島崎は、漫才をしたステージを振り返り「いい思い出だ」と噛みしめる。行動を起こさなければ当然、思い出ができることもない。なにかを成そうと動いた日々は、決してムダにはならないのだ。

成瀬には「二百歳まで生きる」という大きな目標がある。「わたしが思うに、これまで二百歳まで生きた人がいないのは、ほとんどの人が二百歳まで生きようと思っていないからだと思うんだ」と述べる彼女の姿は、不思議と私たちに、夢に立ち向かうための勇気を与えてくれる。

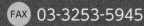

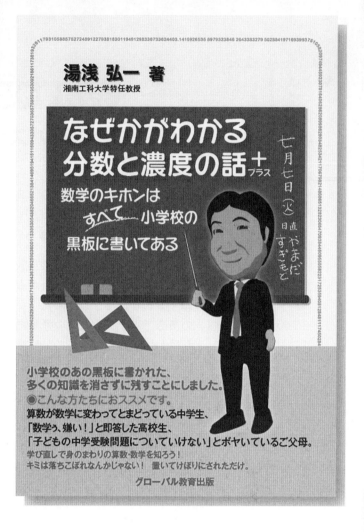

今月号の問題

熟語パズル

「安全性」や「可能性」などのように、「○○性」という三字熟語を集めてみました。それぞれのヒントを参考に、リストの漢字を○に当てはめて16個の「○○性」を完成させましょう。ただし、「心配性」のように「～しょう」と読む場合もあります。

最後に、リストに残った4つの漢字でできる四字熟語を答えてください。

① ○○性 （外からの刺激や印象を深く感じ取れる性質）
② ○○性 （その現象が一時的ですぐに消えること）
③ ○○性 （信頼することができる度合）
④ ○○性 （人の真似ではなく、独自の考えで物事を作り出す能力）
⑤ ○○性 （人が欲している量に比べて、利用可能な量が少ない状態）
⑥ ○○性 （自分の意志・判断で行動しようとする態度）
⑦ ○○性 （コウモリやフクロウなどのように、夜間に活動する性質）
⑧ ○○性 （けちけちしていて、ゆとりがない）
⑨ ○○性 （ある行為が法律上許されないこと）
⑩ ○○性 （これから先、発展・成功するだろうという見込み）
⑪ ○○性 （空気を通す性質）
⑫ ○○性 （生まれつき備わっている性質）
⑬ ○○性 （意見の違う人とも互いに協力しあう能力）
⑭ ○○性 （水に溶ける性質）
⑮ ○○性 （物事がはっきりとした形を持っている）
⑯ ○○性 （広く社会一般の利害にかかわる性質）

【リスト】

違	一	過
感	希	気
共	協	具
月	公	行
主	受	将
少	信	進
水	先	創
体	体	調
通	天	独
日	貧	歩
法	乏	夜
溶	来	憑

応募方法

下のQRコードまたは104ページからご応募ください。

◎正解者のなかから抽選で右の**「はがせるマーカー」**をプレゼントいたします。

◎当選者の発表は本誌2023年12月号誌上の予定です。

◎応募締切日 2023年8月3日

今月のプレゼント！

線を引き直せるマーカー

5名さまに

「はがせるマーカー」（カンミ堂）は、フィルムテープ式のラインマーカーです。インク式ラインマーカーにありがちな色むら、文字のにじみ、裏移りなどを気にすることなく、簡単にまっすぐな線を引くことができます。また、はがして「消す」ことができるので、気軽に線を引けるのも魅力の１つです。カラーバリエーションは全部で９色。なに色が届くかは到着してからのお楽しみです。

4月号の答えと解説

解答 cool（涼しい）

4月号の問題

リストにある英単語を、右の枠のなかから探し出すパズルです。単語は、線で示した“COLD”のようにタテ・ヨコ・ナナメの方向に一直線にたどってください。下から上、右から左へと読む場合もあります。また、1つの文字が2回以上使われていることもあります。パズルを楽しみながら、「季節・天候」に関する単語を覚えましょう。

最後に、リストのなかにあって、枠のなかにない単語が1つだけありますので、それを答えてください。

A	G	B	M	O	S	S	O	L	B	H	J
E	D	P	X	C	L	Z	H	O	T	W	G
R	S	K	E	L	T	W	U	N	R	C	N
U	F	D	A	Q	I	C	M	U	O	L	I
T	Y	F	U	N	B	D	I	L	P	A	Z
A	R	K	T	J	L	G	D	S	I	F	E
R	L	E	U	I	H	S	C	X	C	W	E
E	R	O	M	J	D	L	P	Q	A	I	R
P	G	C	N	M	I	F	I	R	L	L	F
M	N	I	O	M	U	Z	M	Y	I	D	C
E	L	B	A	N	O	S	A	E	S	N	U
T	H	T	U	O	T	P	K	T	W	M	G
D	E	R	M	A	F	Y	R	D	B	I	P

【単語リスト】（このリストは小文字で示しました）

autumn（秋）	fall（秋）	summer（夏）
blossom（花、開花する）	freezing（〈震えるほど〉寒い）	temperature（温度、気温）
climate（気候）	hot（暑い）	tropical（熱帯の）
cold（寒い）【例】	humid（湿気の多い）	unseasonable（天候不順な）
cool（涼しい）	mild（温暖な）	warm（暖かい）
dry（乾燥した）	spring（春）	winter（冬）

解説

単語をたどると、右のようになります。
このほかにも「季節・天候」に関する熟語や表現をいくつか紹介します。

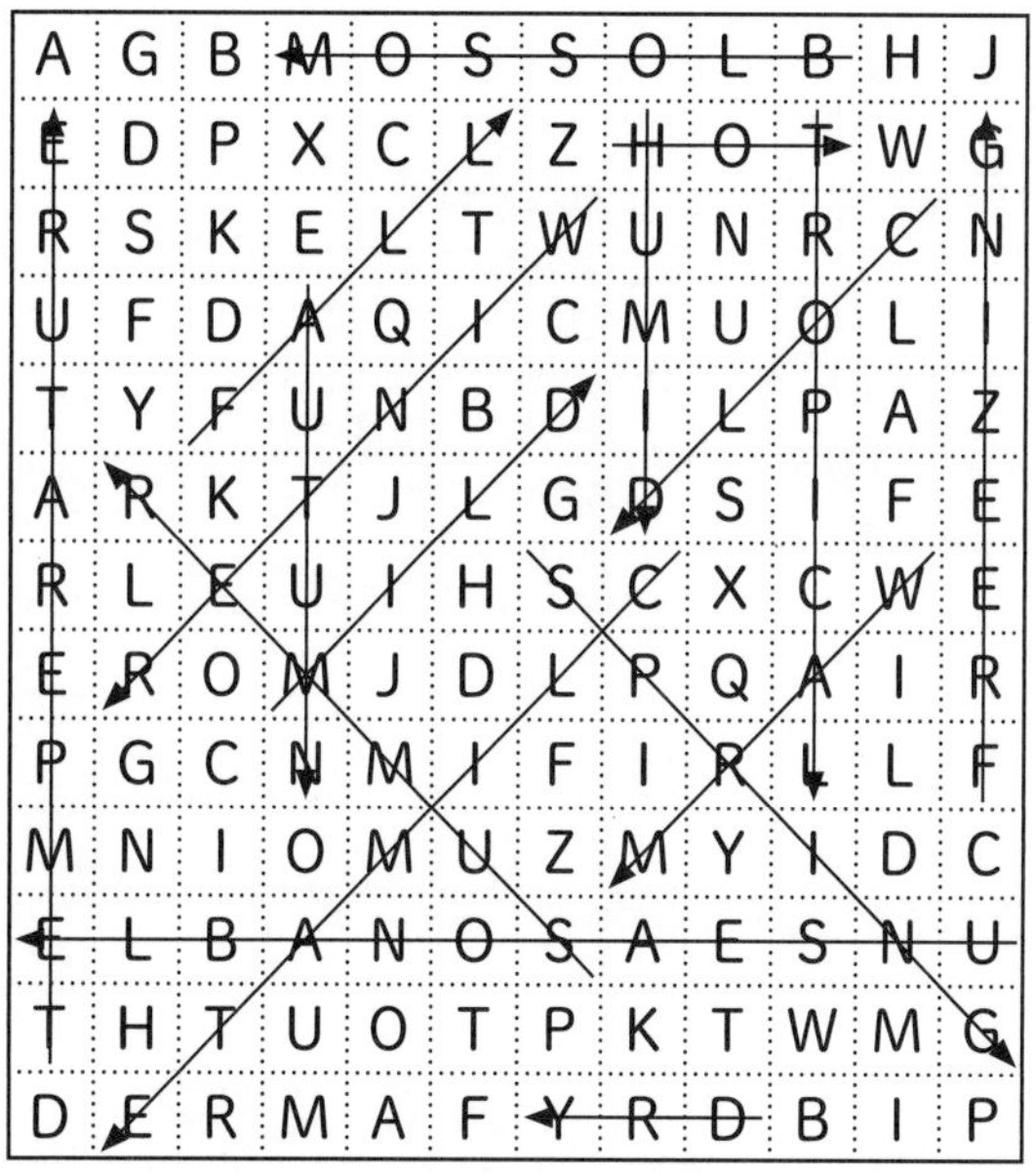

・weather forecast　天気予報
・high (atmospheric) pressure　高気圧
・low (atmospheric) pressure　低気圧
・evening shower　夕立
・snow storm　吹雪
・rainy season　梅雨・雨季
・It's fine today.「今日はよい天気です」
・How is the weather today?
「今日の天気はどうですか」
・There's not a cloud in the sky.
「空には、雲1つありません」
・Spring is just around the corner.
「春はそこまで来ています」
・It never rains but it pours.
「〈ことわざ〉降れば必ず土砂降り」
（日本のことわざでは「踏んだり蹴ったり」や「泣きっ面に蜂」）

4月号パズル当選者（全応募者27名）

小松 賢人さん（中2・千葉県）
品川 伊織さん（小4・埼玉県）
林 ジャン和矢さん（中3・東京都）
平井 蒼祐さん（中1・東京都）

夢が広がる高校選びの情報満載！
Success15
バックナンバー好評発売中！

2023年 6月号
高校受験まであと270日
そのときどきに
「やるべきこと」はなにか？

宮大工の技術が光る
日本の伝統「社寺建築」とは？

Special School Selection
早稲田大学本庄高等学院

高校WATCHING
法政大学高等学校
東京都立小山台高等学校

2023年 4月号
高校に進んだら
文系、理系 あなたはどうする？

多くの不思議がそこに！
地図を旅しよう

Special School Selection
東京都立戸山高等学校

高校WATCHING
淑徳与野高等学校
神奈川県立湘南高等学校

2023年 2月号
さあ来い！ 入試 ポジティブ大作戦

Special School Selection
早稲田大学高等学院

研究室にズームイン
鳥取大学乾燥地研究センター
山中典和教授

高校WATCHING
中央大学高等学校
埼玉県立浦和第一女子高等学校

2022年 12月号
東京都中学校
英語スピーキングテスト

Special School Selection
渋谷教育学園幕張高等学校

研究室にズームイン
東京大学先端科学技術研究センター
西成活裕教授

公立高校WATCHING
東京都立青山高等学校

2022年 10月号
模擬試験を活用して
合格への道を切りひらく

これからも進化し続ける
交通系ICカード

Special School Selection
東京学芸大学附属高等学校

公立高校WATCHING
東京都立八王子東高等学校

2022年 8月号
学校説明会に行こう！

Special School Selection
お茶の水女子大学附属高等学校

研究室にズームイン
東京海洋大学 茂木正人教授

私立高校WATCHING
成蹊高等学校

2022年 6月号
自分に合った高校を選ぶには

陶磁器の世界にご招待！

Special School Selection
東京都立国立高等学校

高校WATCHING
青山学院高等部
神奈川県立厚木高等学校

2022年 4月号
高校受験生のこの1年

私たちの生活を支える「物流」

Special School Selection
筑波大学附属駒場高等学校

高校WATCHING
昭和学院秀英高等学校
埼玉県立川越女子高等学校

2022年 2月号
本番で実力を発揮できる
強さを作ろう

「時計」の世界

Special School Selection
開成高等学校

私立高校WATCHING
中央大学附属高等学校

2022年 夏・増刊号
中学生だからこそ知ってほしい
2025年から変わる大学入試

色の変化に注目
なぜなに科学実験室

神奈川・埼玉の公立トップ校
高い大学合格実績をあげる
その教育に迫る
神奈川県立横浜翠嵐高等学校
埼玉県立浦和高等学校

2022年 秋・増刊号
「変わる大学」に備えよう！
いよいよ見えた！ 大学新時代

盛りだくさんの独自プログラムで
将来につながる力が身につく
私立4校の魅力とは!?
市川高等学校
栄東高等学校
城北高等学校
桐朋高等学校

これより以前のバックナンバーはホームページでご覧いただけます（https://www.g-ap.com/）

バックナンバーはAmazonもしくは富士山マガジンサービスにてお求めください。

夢が広がる高校選びの情報満載！

Success15

8月号

表紙：東京都立日比谷高等学校

FROM EDITORS 編集室から

「私立高校WATCHING」でうかがった明治大学付属明治高等学校では、部活動・班活動の見学も行わせていただきました。高校生が中学生に指導をしている様子や、顧問の先生からのアドバイスを熱心に聞いている姿を目にして浮かんできたのは、取材の際に井家上校長先生がおっしゃっていた「所属していた物理部での活動が楽しくて、それが仕事に結びついた」という言葉。将来の道への第一歩は、放課後の時間のなかにもあるのかもしれません。

まもなく夏休みがやってきます。教科の勉強はもちろん、授業がない期間だからこそできる学びを大切に、1日1日を目いっぱいに楽しんでほしいと思います。（T）

Next Issue 夏・増刊号

Special

日本の大学が変わる 国際卓越研究大学認可へ審査始まる

カラー2本立て！ なぜなに科学実験室

※特集内容および掲載校は変更されることがあります。

Information

『サクセス15』は全国の書店にてお買い求めいただけますが、万が一、書店店頭に見当たらない場合は、書店にてご注文いただくか、弊社販売部、もしくはホームページ（104ページ下記参照）よりご注文ください。送料弊社負担にてお送りします。定期購読をご希望いただく場合も、上記と同様の方法でご連絡ください。

Opinion, Impression & ETC

本誌をお読みになられてのご感想・ご意見・ご提言などがありましたら、104ページ下記のあて先より、ぜひ当編集室までお声をお寄せください。また、「こんな記事が読みたい」というご要望や、「こういうときはどうしたらいいの」といったご質問などもお待ちしております。今後の参考にさせていただきますので、よろしくお願いいたします。

サクセス編集室 お問い合わせ先

TEL : 03-5939-7928　FAX : 03-3253-5945

今後の発行予定

8月17日 夏・増刊号	11月17日 12月号
9月19日 10月号	2024年1月15日 2024年2月号
10月16日 秋・増刊号	2024年3月15日 2024年4月号

FAX送信用紙

※封書での郵送時にもコピーしてご使用ください。

100ページ「熟語パズル」の答え

氏名

学年

住所（〒　　　　　－　　　　　　）

電話番号

（　　　　　　　　）

現在、塾に

通っている　・　通っていない

通っている場合

塾名

（校舎名　　　　　　　　　　）

面白かった記事には○を、つまらなかった記事には×をそれぞれ３つずつ（　　）内にご記入ください。

（　　）04　Special School Selection 東京都立日比谷高等学校
（　　）11　研究室にズームイン 京都大学 フィールド科学教育研究センター 市川光太郎准教授
（　　）20　私立高校WATCHING 明治大学付属明治高等学校
（　　）24　ワクワクドキドキ 熱中部活動 山手学院高等学校 ねころ部
（　　）28　突撃スクールレポート 安田学園高等学校
（　　）30　学校に行こう！ 学校説明会 ここがポイント
（　　）36　受験生のための明日へのトビラ
（　　）38　スクペディア 千葉商科大学付属高等学校
（　　）39　スクペディア 目白研心高等学校
（　　）40　知って得する お役立ちアドバイス！
（　　）48　レッツトライ！　入試問題
（　　）56　帰国生が活躍する学校 東京都立国際高等学校
（　　）58　中学生の未来のために！ 大学入試ここがポイント
（　　）60　東大入試突破への現代文の習慣
（　　）63　この夏、個別進学館で大きく伸びる！
（　　）64　現役東大生がアドバイス！ 中学時代の夏休みの過ごし方
（　　）66　東大生リトの とリトめのない話
（　　）68　キャンパスデイズ十人十色
（　　）73　耳よりツブより情報とどきたて
（　　）74　マナビー先生の最先端科学ナビ
（　　）81　for中学生 らくらくプログラミング
（　　）82　なぜなに科学実験室
（　　）86　中学生のための経済学
（　　）88　淡路雅夫の中学生の味方になる子育て 楽しむ 伸びる 育つ
（　　）89　ピックアップニュース！
（　　）90　思わずだれかに話したくなる 名字の豆知識
（　　）92　ミステリーハンターQのタイムスリップ歴史塾
（　　）93　サクセス印のなるほどコラム
（　　）94　中学生でもわかる 高校数学のススメ
（　　）98　Success Book Review
（　　）100　解いてすっきり パズルでひといき

FAX.03-3253-5945

FAX番号をお間違えのないようお確かめください

サクセス15の感想

高校受験ガイドブック2023 8　Success15

発　行：2023年７月18日 初版第一刷発行
発行所：株式会社グローバル教育出版　〒101-0047 東京都千代田区内神田2-4-2 一広グローバルビル3F
ＴＥＬ：03-3253-5944
ＦＡＸ：03-3253-5945
Ｈ　Ｐ：https://success.waseda-ac.net/
e-mail：success15@g-ap.com

郵便振替口座番号：00130-3-779535
編　　集：サクセス編集室
編集協力：株式会社 早稲田アカデミー

【個人情報利用目的】ご記入いただいた個人情報は、プレゼントの発送およびアンケート調査の結果集計に利用させていただきます。